多様性のレッスン

車いすに乗る
ピアカウンセラー
母娘が答える
47のQ&A

安積遊歩
安積宇宙

ミツイパブリッシング

まえがき　普通ってなんだろう

安積宇宙

「普通」ってなんでしょうか。

私は、車いすに乗った母と、彼女より一六歳年下の父のもとに生まれ、今で言えばシェアハウスで育ちました。そして、私自身、母と同じく骨が弱いというからだの特徴をもっていて、車いすを使って生活しています。

そんな私は小学校に入って、自分と自分の環境が、社会の「普通」とはいろんな意味でかけ離れていることに気づきました。それから一〇代後半まで、「普通」であることに強いあこがれをもっていました。でも今は、まわりの「普通」と一緒になろうとがんばらないで、自分の「普通」を大切にできるようになりました。そんな自分自身を居心地よく感じています。

そう思えるようになるまで、たくさんの出会いと心の旅がありました。

私が通うニュージーランドの大学は、さまざまなバックグラウンドをもった学生であふれています。八人テーブルに集まって、みんな国籍が違うこともよくあります。

文化が違えば、「普通」の尺度も違います。毎日お風呂に入らなくても、着ている服が数日同じでも、人と意見がまったく違っても、ジャッジされることはありません。普通になりたいと思っても、その普通が一致していなければ、普通になれないのです。ニュージーランドは西洋的な社会なので、日本よりも、人に頼らず自立的であることがよしとされている傾向は、強いかもしれません。

私は小さいころ、自分がどうしてほしいか、人に正確に頼むことが得意中の得意でした。物心ついたときからまわりにいた大人たちに、言葉で道案内をして、好きなところに出かけていました。でも、電動車椅子を使うようになったり、自分でできることが増えてから、人に頼るのが下手になってしまいました。今思えば、どこかでまだ「普通」になりたいと思っていた私が、人に頼らないでいるほうが「普通」なら、そうしよう、と無意識に選択していたのだと思います。

そんなある日、私の電動車いすのタイヤが、大学から家に帰る途中でパンクしてしまいました。移動の自由が奪われたようで、一瞬、焦りと不安で気持ちがぐらぐらしました。

けれどよくよく考えれば、私は一八歳くらいまで、ほぼ電動車いすを使わず、常にだれかに車いすを押してもらって生活していたのです。それを思い出して、その日の夜、フェイスブックにタイヤがパンクしたこと、次の日から手動車いすを使って移動するので、助けてほしいということ、そして知っている人だけではなく、ヒッチハイクのように通りがかる人たちに声をかけて、バケツリレーのように移動することを決めた、と投稿しました。久々に手動車いすを使う中で、人に頼ることで築ける人間関係の楽しさを思い出しました。

人に頼ることで、相手の時間をとってしまっているのではないかな、と考える時もありました。でも多くの人は、私の車いすを押すことは、頼られているとさえ思わない。私と過ごす時には当たり前のこと、と言います。

悩みというのは、アドバイスをもらうことによって、薄れていくこともあるけれど、また戻ってくることもあります。「そのままでいいよ」というアドバイスもたくさんもらってきたけれど、私が「普通になりたい」という悩みから自由になるまで、時間がかかりました。

生きていれば悩むことは尽きないし、悩みを解決するひとつの答えがあるわけではないのかもしれません。

　でも、私と母の、「普通」とちょっと違った人生から出てくる言葉が、これを読むみなさんにとって、日々の中の何かのヒントや、自分自身でいることが居心地よくなるきっかけのひとつになれば、このうえない喜びです。

ピアカウンセリングについて

安積遊歩

ピアカウンセリングとは、同じ境遇や立場にある人がピア（仲間）となって、時間や思いを分かち合い、聞き合うことで、それぞれの目標に近づいていくための方法です。もともと一九六〇年代のアメリカで、アルコール依存の人たちの助け合う関係（自助グループ）から、始まったと言われています。

自分の人生を専門家に一任するのではなく、当事者が、自分の力や権利を取り戻していくために有効な方法として、一九七〇年代のアメリカでいろんな分野に使われていきました。

一九八三年に私が渡米したときには、障がいをもつ仲間たちの中にピアカウンセラーがいて、さまざまな障がいをもつ仲間の相談に答えていました。障がいをもつ仲間たちだけのためではなく、学生同士や同性愛の人たちのピアカウンセリングもあると聞きました。

一九八六年、東京の八王子に日本第一号の自立生活センター（ヒューマンケア協会）を創立したとき、仲間数人と第一回ピアカウンセラー養成講座を開講しました。

た。そのため、日本では、ピアカウンセリング＝障がいをもつ人のカウンセリングと考えられていた時期がありました。でもピアカウンセリングは本来、社会から、権利侵害や差別などの抑圧を受けて苦しんでいるグループごとに、そこから立ち直り、闘っていくための道具です。

私自身、日本に住んでいた欧米系のフェミニストたちから、ピアカウンセリングを学びました。いま私は、北海道で原発避難者や、男性同士のピアカウンセリングをしています。男性同士のグループでは、私は直接のピアではありませんが、お互いの話や気持ちをたくさん聞き合って、共感し合える聞き合い方をお伝えしています。

私自身がピアカウンセリングのおかげで、社会を変えていく力をもつことができました。人は、気持ちを丁寧に聞いてもらえることで、共感してもらえたと感じ、力を得ていきます。この本には、たくさんの共感を力にし、ひとりひとりが多様な存在であることを、誇りをもって社会に表現していくための術が書いてあります。

多様性のレッスン

車いすに乗るピアカウンセラー母娘が答える47のQ&A

目次

第1章　家族　13

第3章 仕事・恋愛・健康 107

第5章　差別　191

第1章　家族

Q1 自分なんていないほうがいい？

幼少期より私は父から感情的にたびたび叱られ、母の陰で泣いてばかりいました。父を恨むと同時に、「自分なんか生まれてこなければよかった」と自分を責め続けていました。学校でも不登校になり、社会人になってからは趣味のサークル内で邪魔者扱いされた経験が、さらに「自分が迷惑な存在」という思いを強くさせ、人と会うのが怖くなってしまいました。妻と子どもとの関係は良好ですが、それでも自責の妄想が強くなる時は、苦しいです。「自分が迷惑な存在」という思いから逃れられるよい手段がありましたら、お聞かせください。

（モンキーピンチ・三三歳・自営業）

A1 遊歩 だれひとり、迷惑な存在ではありません

よく書いてくださいましたと、お礼を言いたいです。

迷惑な存在と自分を責めていらっしゃるなら、たぶん、それを言語化することさえ迷惑なのではないかとどこかで自分を責めながら、書いてくださったのだろうと思います。

私たちがここに生きて、存在するということの一点において、私は、だれひとり迷惑な存在はないと確信しています。生きもののいのちは、生きてそこにあるという一点において、ほかのいのちから、迷惑だとか、いないほうがいいとか、決めつけられたり、傷つけられたりする必要はありません。どのいのちも完璧に、その時空間に存在していいのだと、存在していいから存在するのだというこの真実が、ほとんど多くの人に認識されていないのです。

それがつらくて私は、しょっちゅう泣いていました。だれも傷つきたくないし、だれも傷つけたくないし、本来、傷つけ合いたいと思っている人はひとりもいないのに、この社会に生きていると、まるでそうでない現実ばかりが目につきます。

あなたが小さい時にお父さんから八つ当たりされただけで、お父さんにとっては、かわいい大事な息子に決まっています。趣味のサークルでも、みんなと仲良くしたいと思いながら、傷ついた過去の体験を投影させて今の現実を生きのびようとしてしまうので、恐怖がやってきてしまいます。

もし、できるなら、お連れ合いとお子さんにきちんと気持ちを伝えて、まずとにかく日々の中で、応援を得てください。繰り返し繰り返し、どんなにあなたが大事なのかを伝えてもらってください。そしてもちろん自分からも、自分の幼少期にはなかった、愛情あふれた言葉で、日々を満たしてください。

愛情深い言葉というのは、その言葉自体が、存在の承認となります。ですから、お連れ合いとお子さんに頼むだけではなく、ご自分でも習慣となってしまったネガティブな言葉を意識的にストップし、自分はよくやってきた、ベストを尽くしてきたと、繰り返し言葉に出して自分に愛情をあげてください。

ネガティブな気持ちは、真実ではありません。それは、傷ついた感情にすぎません。真実は、どの瞬間もどの瞬間も、生きることをあきらめず、サバイブした自分がいる、ということです。とくに、幼い日に、お母さんの陰に隠れて生きのびた自分を、いっぱいほめてください。私からも、たくさんの賞賛と、陰に隠れるところがあったことを、共に喜びたいと思います。

Q2

機能不全家族で育った自分。子育てのコツは？

妻は妊娠六カ月です。妻と結婚して、共に幸せを感じて生きています。私の育った家庭は、機能不全家族でした。妻も、幼少期から親の愛情不足を感じていたそうです。私も妻も、その幼少期の体験を引きずっていて、今も生きづらさを感じることがあります。私たちに生まれてくる赤ちゃんには、自分たちと同じ思いはさせたくありません。親の愛情が正しく子どもに伝わる家庭をつくるために、気をつけなければいけないことや、助言をいただければ幸いです。

（アキヲ・三八歳・無職）

A2

遊歩

たくさんの人に、育ててもらって

それだけご自身のことをきちんと見つめていらっしゃることは、すばらしいと思います。私も、自分がいやだと感じたことは、ぜったい娘にはしない、と固く心に誓って娘を産みました。

私は子どものころ、医療のすさまじい介入でたいへん苦しみました。ですから、娘は十数回も骨折しましたが、ほとんど病院には連れていっていません。骨折してもギプスを巻かずに、本人の力で回復しました。

学校がいやだと言えば、学校をやめることも応援しました。

ご自身の子ども時代に、いやだったことをよく知っているお二人であれば、豊かな愛情をお子さんに注ぐことは、必ずできます。

子どもの時にいやだったことはしない、あるいは、子どもの時にしてほしかったことをする、という意識で子育てを始めることは、非常に大切なことだと思います。

なぜなら子ども時代の視点は、とても賢いからです。

ただほとんどの人が、成長過程で世間の常識にとらわれてしまいます。子ども時代の感性で変だなと思った時、その違和感を口にしたとたん、社会から、沈黙を強いる圧力がかけられます。子ども時代の自由な感性は否定され、自分の感性をどんどん信じられなくさせられてしまうのです。

ただひとつ、お願いがあります。お二人だけで、子育てをがんばることは、なさいませんように。

子どもの育ちには、大勢の人が必要です。

子どもは、きわめて社会的な存在です。にもかかわらず、子育ては親に任せるもの、という今の日本社会では、親も子どもも、追いつめられます。親にも、助けが必要なのです。

子どもが、のびのびと生きる作物だとしたら、空気と水と、太陽と大地が必要です。両親が太陽と大地のように、絶対的な存在として子どもを支えるのなら、その他大勢の人は、空気や水のように、子どものまわりに存在する必要があるのです。

たくさんの人の中で、お子さんが育っていけるように、助けを求め続けてください。そして、お二人も、ほかの子どもたちの育ちにとって、空気のように、水のように、なくてはならない存在として、かかわり続けてください。

A2

（宇宙）まずはお友だちからのサポートを

まず、今ご夫婦で幸せにお暮らしとのこと、うれしく思います。幼少期のつらかった体験を自覚されていることは、子育てするにあたって、本当に大切なことだと思います。

私のまわりには両親のほかに、たくさんの大人がいて、それぞれが私を育ててくれました。みんな、自分が子どもの時にいやだったことは、私にしないようにしてくれました。

ただ、どんなに子どもが大好きでも、ずっと一緒にいるのがつらくなることも、あると思います。それには、自分の幼少期に満たされなかった気持ちを思い出したり、子どもの自由さを見てうらやましくなってしまったりと、さまざまな理由があることでしょう。本当は、その子に怒っているわけではないのに、きついことを言ってしまったり。そんな時、まわりに人がいたら、「それはあなたの気持ちでしょう？」と、子どもに感情をぶつけないように、支えてくれると思います。

私はたくさんの人が出入りする家に育ったおかげで、親との絆は、むしろ強くなったと感じています。

時に子どもが、「お母さんやお父さんより、〇〇くんのほうが好き！」などと言っても、本当に安心しているからこそ言える言葉なのだと、黙って聞いてあげてください。

私は生まれた瞬間から反抗期、と言われるほど、母にはよく反抗していましたが、それは、安心できていたからです。でも、その反抗を、親だけで受け止めるのはたいへんなので、まわりの人からたくさんのサポートを受けられるといいと思います。

まわりの人と言われても、みんな忙しかったり、人にサポートを頼むのは、むずかしいと思われるかもしれません。まずは、安心できる仲のいいご友人に遊びに来てもらったり、一緒に遊びに出かけたりするのはどうでしょうか。

子どもがいるから遊びに出かけられない、というのではなく、子ども中心に、行く場所や過ごし方を変えてみて、友人も誘って出かけてみれば、新たな楽しみがあると思います。子どもとかかわった時間は、どんな人にとっても財産になります。

子どもがどんなに泣きやまなくても、「ひとりにして！」とか「だいっきらい！」と言われても心配せず、そばにいてあげてください。

子どもがすっきりするまで、泣いて叫んだあとは、よりいい親子の関係が待っていると思います。無理せず我慢せず、たくさん一緒に笑って泣いて、素敵な家族になられますよう応援しています！

Q3

祖母が認知症に。離れて暮らす自分にできることは？

地方の大学に進学して、ひとり暮らしを始めました。地元では、親ではなく祖父母と暮らしていました。受験の時も食事に気を遣ってくれた祖母でしたが、最近、電話をすると元気がなく、祖父は「おばあちゃんはぼけてきたようだ」と言います。祖父には持病があり、祖母が介護していますが、心配です。父母はかかわってくれません。実家は遠いので、何度も帰ることもできません。

（HS・一八歳・学生）

A3

遊歩

自分のための自由を生きられたら

複雑な事情の中、がんばって大学進学を果たし、新しい生活を始められたこの時に、大切なおばあちゃんの変化、ご心配ですよね。

おばあちゃんは、あなたが自分の思う道を行かれていることで、ある意味安心されたのだろうと思います。いわゆる気が抜けたということでしょう。もしあまり高齢でなければ、少し気が抜けたとしても、やらなければならないことがたくさんあったりして、気ぜわしい日常に戻っていくものです。受験生の孫を抱えた日々が一段落して、張りつめていた気持ちが一時的にゆるんだのかもしれません。

まずはおじいちゃんに、福祉サービスなどの社会的資源をどの程度使っているか、丁寧に聞いてみてください。

昔は、お年寄りの介護は家族が担うほかありませんでした。しかし現代は、介護保険のシステムをある程度利用できる時代です。それらをあまり利用していなければ、おじいちゃんおばあちゃんを励まして、役所の高齢者福祉課などに相談することをすすめてください。おじいちゃんが電話でお話できるのであれば、おじいちゃんから、ケアマネージャーさんや、役所に電話してもらうのも、いいでしょう。

またできることならおばあちゃんに、あなたの暮らす町へ遊びに来てもらうのも素敵です。おじいちゃんにはショートステイの仕組みなどを利用して、一週間でも数泊でも、おばあちゃんがあなたのところに遊びに来られるような時間をつくるのも、いいと思います。

女性たちはじつに長い間、育児や介護を担ってきました。家族の面倒をみて、その生涯を送ってきました。おばあちゃんもまた、そういう人生を送っていかれることでしょう。ただその中で、かわいい孫であるあなたに会いにいくという自由が保障されたなら、人として、自由で尊厳ある人生を、さらに生きることができると思います。

だれかのための自由ではなく、自分のための自由を生きることができたら、認知症であってもなくても、それは、素敵な人生に違いありません。これからもずっと変わらず、おばあちゃんが大好き、という気持ちで連絡をし続けてください。

A3

宇宙　自分のことを信じられる選択を

すごく複雑な心境ですね。質問者さんが、いちばん優先したいのは何ですか。

育ててくれた祖父母だからこそ、近くにいなくてはいけないという責任感もおありなのかなと思います。

私も、今大学で、実家には簡単に帰れない場所で暮らしています。遊歩の年齢も高くなってきて、たまに具合が悪いと聞くと、遠くに住んでいるという自分の選択について悩むことがあります。

ただ私の場合、遊歩のまわりには人がたくさんいます。だから、自分がぜったいそばにいなくてはいけないという責任を感じなくていいのは、ラッキーなことです。そうでなかったら、と考えたら心がぎゅっとするので、質問者さんの立場を思うと、心がぎゅっとします。

今、質問者さん自身がいる環境が自分にとってよいものであるのなら、自分の選択を信じてほしいです。でも、もし、そこまでいいと感じられないなら、大学を少しお休みして、おばあちゃんたちのそばに帰るという選択肢もあると思います。

日本では、みんな同じようなスピードで、進路を決めていくことが推奨されています。けれど世界を見てみたら、大学を休学して、もっと家族と過ごすことを優先したり、あるいは働いてみたり、旅に出てみたり、じっくり時間をかけて、自分の人生をつくっていく人たちもめずらしくありません。

社会からの目や、家族に対しての責任、自分の将来への不安とか、私たちは同世代ですが、自分の人生を考える中で、たくさん悩む要素があります。

そして、悩むことは悪いことではないです。たくさん悩んだ上で、間違えることも含めて、後悔しない選択をしてほしいです。自分優先ではなくて、家族との関係性の中で決めたことだったとしても、自分のことを信じられる選択をしてください。

Q4　友人の子どもが隠れて服薬しているのを知ってしまったら？

友人が、離婚してから抗うつ剤を飲みはじめました。だんだん量が増え、時には起き上がれず家事が滞るほどです。友人にはお子さんがいて、小学五年生の女の子が、お母さんの薬をこっそり飲んでいると聞きました。とても心配で何かしたいと思いながら、どうすればよいかわかりません。

（アネモネ・四八歳・事務職）

A4　遊歩　子どもの気持ちの背景を、聞いてあげて

小学生のお子さんが服薬している状況について、質問者さんはその頻度や程度をどれくらい把握していらっしゃいますか。わからなければ本当にご心配ですよね。

抗うつ剤や精神安定剤などは依存性が高いので、子どもにはぜったいに飲んではしくありません。隠れて飲んでいるようですので、お母さんのものをとっている、悪いことをしているという感覚が、そのお子さんには十分あるだろうと思います。

お子さんと、質問者さんが近い関係であるなら、直接、お子さんと話す機会をつくってみてはいかがでしょうか。もしそのお子さんが、自分のお母さんには正直になれなくても、質問者さんのような信頼できる第三者が身近にいて、聞く姿勢を示してくれたら、正直な気持ちを話してくれるでしょう。

まずはじめに、お母さんも、あなたのことも、どちらも大事だと思っていること、そして何かできないかと思っている、という質問者さんの気持ちを、必ず伝えてください。それから、「あなたが薬をこっそり飲んでいるらしい、ということをお母さんから聞いたんだけど」と、率直に伝えてください。

そのうえで、「薬はもちろんあなたも知っているとおり、病気の時にお医者さんから出るわけだから、もし病気ではないのに薬を飲んだら、それはからだに毒なんだよ。でも、それでも飲みたい気持ちがあるのはなぜなんだろう。それを聞きたいよ」と話してほしいのです。

悪いと言われていることを隠れてでもする時には、たくさんの混乱と、心の奥底に、悪いことをしているのが見つかっても愛してほしいという気持ちがあります。

それは、お母さんに愛されていることを確かめたい、というお子さんのチャレンジです。ですから質問者さんからは、「お母さんは、あなたを本当に愛しているからこそ、私に助けを求めてきてくれたんだよ」と、付け加えてください。隠れて服薬してしまうような気持ちの背景に、何があるのかを、ゆっくりと、聞いてください。

そのお子さんはお母さんに、迷惑をかけたいわけではまったくありません。お母さんが薬を飲んでいても動けなくなっていくようすに、追いつめられた気持ちをもっているのでしょう。その気持ちに、気づいてくれる人たちからの助けを求めているのだと思います。

そして子どもから投げられた綱を、あなたがしっかりとつかんでほしいのです。おずおずと投げた綱をしっかりつかんでくれる人が多ければ多いほど、子どもにとっての生きにくさは、人間への信頼へと変わっていくでしょう。

この本でも繰り返し言っていますが、そもそも子どもは親だけでは育たないし、親だけで育ててはいけないと私は思っています。

その子にとって、あなたの存在は本当に大切です。薬のことから始めて、お母さんの状況なども率直に語り合ってください。

質問者さんと友人のお子さんとの間に、あつい信頼関係が生まれることを期待し、応援しています。

Q5 子どもから学資援助を頼むのはおかしいですか？

中三の息子と二人暮らしのシングルマザーです。息子は中二の夏から「学校行かない宣言」をして、現在フリースクールに通っています。毎日マイペースながら楽しく暮らしておりますが、高校進学を希望しており、今後の教育費のことが心配です。就学援助などの福祉資源を使わせてもらおうと思っていますが、それでもまかないきれない分は、自分と元夫の実家、双方に助けてもらおうと考えています。残念ながら元夫からの援助は期待できません。私からも援助をお願いするつもりですが、息子からもおじいちゃん、おばあちゃんにお手紙を書いたらよいかなと思っています。しかし、ある年配の方にこのことを言ったところ、「子どもにお願いさせるなんて信じられない、それは親がすること」と言われてしまいました。息子から、祖父母への学資援助をお願いすることに、問題があるのでしょうか。

（ゼロ君ママ・四三歳・ヘルパー、管理栄養士）

A5 遊歩　人間は本来、助け合いたい存在です

シングルマザーになることを決断し、実行し、夫に対する養育費の請求も期待できないという冷静なまなざしをおもちのこと、とても行動力があり、素敵な母親である方とお見受けします。ですから、年配の方の言うことはあくまでも、参考意見でしかないということを、よくご存じであると思います。

息子さんと祖父母の関係性について、どのように考えていらっしゃるのか、息子さんと十分に相談してください。そしてもし必要なら、質問者さんから口添えをするのも、もちろんよいと思います。人に助けを求めることが、どんなに大事なことかを、親として子どもに伝えることは、正しいことです。

今のこの世界は、人に迷惑をかけないようにとか、子どもの教育は全部親がみるべきという、不公平な経済システムをベースに、できています。それを常識とした価値観に柔軟性を取り戻すのは、容易ではありません。とくに経済的なことには、たくさんの過ちと、学びが凝縮しています。

親が全部面倒をみるべきとされ、しかし、それは現実的には無理な場合が多

く、現在、大学生に対する奨学金という名の借金の問題が非常に深刻であることを、ご存じでしょうか。経済的負担を若い人にだけ背負わせる今のシステムをなんとかしたいと、親も、祖父母も、思っているに違いないと思うのです。ただ残念ながら、家族内でも、お金についてざっくばらんに話すことは、タブー視されている場合が多いのではないでしょうか。

しかし若い人は、本当に賢いものです。借金を背負わされるような未来より、お金を媒介にしながら、おじいちゃんやおばあちゃんとよい関係を深める力をもっています。さらに言えば息子さんは、不登校をして、この画一化された競争至上主義のような教育から、自由になろうとしたに違いありません。

その競争至上主義の真逆のベクトルは、助け合う関係ですから、息子さんにもそうした話を積み重ね、身近な人と助け合う関係を十分に築いていってください。

人間は、本来助け合いたい存在であるという観点と希望に立って、息子さんと、よくよく話し合ってみられるのが先決でしょう。

A5 宇宙　子どもにとってもモチベーションが高まります

子どもから祖父母に自分の学費のことをお願いするのはよくないという考え方に、私は賛成しません。なぜなら、学校に行って勉強するのは、子ども自身であるから、勉強するために必要になってくるお金に、自分もかかわるということはとても大切だと思うからです。

お金のことを考えるのは子どもの役割じゃない、子どものうちはお金の話から遠ざけたほうがいい、という考え方もありますが、いつか学ばなければいけないことだから、早いうちに学ぶのはいいことだと私は思います。

実際、私は小さいころから両親の収入や、自分たちの生活費を知っていました。知っているからこそ、自分の生活にもっと自覚をもてるようになりますし、自分が学費のやりくりにかかわったら、学校に対しての思いも、変わってくるかもしれません。私はニュージーランドの高校に行き、学費は安くはなかったので、それを意識することも、ある意味でモチベーションのひとつになっていました。

何より、おじいちゃんもおばあちゃんも、親から頼まれるより、孫から直接頼まれたほうが、心を動かされるのではないでしょうか。

でもまずは、息子さんがその高校に行くことを心から望んで、行くための資金援助を自分で頼もうと自発的に考えるのが大切なのではないかなと思います。

息子さんが自分からおじいちゃんとおばあちゃんに手紙を書こうと思えるよう、願っています。

Q6 子どもを叩いてしまう…どうしたらやめられますか？

三歳の子どもの母です。子どもが私の気に入らないことをすると、いらいらして声を荒らげたり、叩いたりすることがあります。自分も小さいころ、親によく大声で怒鳴られたり、暴力をふるわれていました。子どもには、親の顔色を見ることなくのびのび育ってほしいのです。大声をあげたり叩くことをどうしたらやめられるか、具体的なアドバイスをお願いします。

（カエデ・三二歳・自営業）

A6 遊歩 たいへんな状況からは、まず逃げること

暴力をふるうことは、本当につらいと思います。

子どもが親の気に入らないことをする時は、必ず理由があります。たとえば、

寝不足でからだが緊張している、うらやましさから兄弟をいじめてしまう、忙しい親をふりむかせようと知恵をはたらかせている……。さまざまな原因となる状況や、感情があるものです。

でも親だからと言って、そうした子どもの心の動きをいつもわかってあげられるわけではありません。わかってあげられないことを責める必要も、まったくありません。

暴力を止める具体的な方法は、もし手をあげたくなったら、急いで子どものそばから離れることです。ぷんぷんした顔でも、いらいらした態度のままでもかまいません。まず立ち上がって、その場を離れてください。

そして、たとえば家の中だったら、トイレに行って子どもに聞こえないように水をジャージャー流しながら、罵倒の言葉をはき出してください。いったん家の外に出るのもいいでしょう。それでも止められなければ、何かものを叩いたり、ハンカチを引きちぎったりして、怒りのエネルギーを出しきってください。とにかく子どもを叩かないこと。それが、いちばん重要なことです。

子どもに対しては事前に、説明しておいてください。子どもは○歳でもよくわかっているもので、三歳でしたら十分わかってくれますから、こんなふうに伝えてみてください。

「お母さんは、大きな声で怒鳴ったり、叩いたりしたくないのだけれど、今までそれを何回もあなたにしてしまったよね。本当にごめんなさい。あなたはちっとも悪くありません。大声を出すお母さんも、叩くお母さんも、好きでいてくれてありがとう。

お母さんは、かわいいあなたを傷つけたくないと思っているの。だから、これから怒鳴ったり、叩きたくなったら、トイレに行ったりお外に出たりします。あなたから離れて、本当はそんなことしたくない、と自分で気づける時間をとりたいと思うの。

だから、急にあなたのそばを離れることがあっても、あなたのせいじゃないのよ。お母さんがあなたと、お母さん自身に対しても、やさしくしようとがんばっている時間だな、と思って待っていてほしいの。

必ずお母さんは元気になって、やさしくなって戻ってくるよ。がんばるからね。これからは、大きな声をあげたり、叩かないよう、この方法でがんばります。よろしくお願いします」。そう話して、ぺこりと頭を下げてください。

私たち親は、子どもと対等な、いい関係をつくりたいと心から願っています。

大きな声を出したり叩いたりすることは、そのいい関係をぶちこわしにしてしまいます。それはお互いにとてもつらいことです。

だから「よろしくお願いします」とあなたが頭を下げたならば、それまであなたに対して、子どもがどんな思いをもってきたかによって少しは違うこともありますが、心の奥の奥では「わかったよ、お母さん」と、肩を叩いてくれているに違いありません。

子どもに暴力をふるう前に、逃げること。その状況から逃げていいことを、よく思い出して、実践してください。

たいへんな状況から逃げることは、悪いことではまったくありません。たいへんな状況下でいのちを守るためにできる最初の一歩は、まず逃げることです。

お子さんがもう少し大きくなって、「お母さんも子どもの時に大きな声で叱られたり叩かれたことがいっぱいあったんだ。その時に、ぜったい、叩かないお母さんになろうと思ったの。だからがんばるよ」と話すことができたら、もっともっと素敵な関係になるでしょう。

Q7 母が何度もお金を借りにきます。断るほうがよいですか？

大学へ行くために、アルバイトをしてお金を貯めていました。母から、そのお金を貸してほしいと言われ、母とは別居中なので、たいへんだろうなと思って八万円貸しました。でも今また、貸してほしいと言われています。断りたい気持ちと、断れない気持ちといろいろあって悩んでいます。

（めいぷる・一八歳・高校生）

A7 （遊歩）断るほうが、お互いのためになります

親から子どもへの愛よりも、子どもから親への愛のほうが、はるかにまさると思うことがよくあります。小さい子どもが虐待を受けて亡くなる例がありますが、虐待する親をも、子どもは愛するのですから。

質問者さんのお悩みは、たいへんなことだと思います。けれどもお母さんと別居されていることに、少しだけ安心しました。

一緒にお住まいであれば、互いにぶつかることも多いでしょう。距離をおいて、お母さんを客観的に見られることは、とても重要です。ただ離れているからこそ、やさしい気持ちになって、お金を貸してあげたくなるのかな、と思います。

お母さんは、どうしてあなたにお金を借りなければならないのでしょうか。生活がどのように困窮しているのか、詳しく聞いてみてください。

また、あなたがこれまで何度もお母さんにお金を渡しているのであれば、お母さんとしては、あなたに頼ることが、くせになっているのかもしれません。

あなたは、あなたの人生を生きていく自由と責任をもっています。

あなたは今、未成年という立場から、社会的責任を負っていく立場に移ろうとしている、大切な時期にいます。学費のために貯金をすることは、ご自分の責任を果たそうとしているわけで、すばらしいことです。

一方、親は、子どもの行動を十分に尊重し、子どもの夢を応援する立場にいます。

子どもが、これから社会的責任を果たしていくための準備をしているのですから、現在の生活の責任を子どもに負わせるのは、間違っているでしょう。助けは、社会全体に求めていかなければなりません。

たとえば、お母さんが何らかの事情で働けない場合は、行政から生活保護を受けることができるかもしれません。

さまざまな制度や人から助けを得て、お母さんはお母さんの人生を生きていくのです。そのことを、お母さんと向き合って、時間がかかってもいいのでよく話してください。

あなたがお母さんにお金を貸し続けると、あなたもお母さんも、社会的な存在という立場からはずれてしまうことになります。

家族で問題を抱え込むと、何もかも自分たちだけで引き受けることになっていきます。

社会は、助け合うためにあります。あなたがこうして私に相談してくださることも、人は社会の中で生きていること、人が社会をつくっていることをよく理解した、すばらしい行動なのです。

当面は、「貸せないよ、お母さん」と繰り返し言う必要があるかもしれません。

それでもお母さんがあなたを頼るようでしたら、あなた自身が信頼できる大人に相談して、その第三者にも入ってもらって、お母さんと話すことが必要になるかもしれません。

親は心の底では、子どもに助けを求めたくないと思っているのです。

とくに経済的な助けを求めることは、自分が親であることを放棄していると感じ、みじめになって、自己否定感をさらにつのらせることにもなります。

あなたが親を思いやり、お金を貸してあげたいと思う気持ちは、あなたを追いつめるだけでなく、お母さんをも追いつめていきます。

このことを、わかっていただけたらと思います。

むずかしく感じるかもしれませんが、断ることのほうが、お互いのためになるのです。

経済的な助けは公共の制度や仕組みを利用して、あなたもお母さんも、借金の泥沼にくれぐれもはまらないように、社会的存在として生きられるように、励まし合っていってください。

Q8　娘を上手にほめるには？

小学校高学年の娘は人見知りで、声が小さく、母親の私にもあまり心を開いていないと感じます。何か聞いても黙られると、はじめはやさしく待つことができてもだんだんいらいらしてきて、娘を責めたり、延々と説教してしまいます。娘のいいところをほめることに、なぜか抵抗があります。娘がそうなのは、私がそういうふうに育ててしまったからかなと思い、責任を感じます。夫も、自分の考えを話すことが少なく、私はそれがいやです。だれかに相談したいのですが、話を聞いてもらうのはその人を煩わせるから申し訳なく、相談できません。娘とは、どうしたらよい関係になれるでしょうか？

（ぶどう・三八歳・農業）

A8

遊歩

自分をほめることが、早道です

はじめに、娘さんとのことについてお答えしますね。

娘さんが黙り込んで、いらいらしてきたら、自分が待っていられる時間を少し長くしてみませんか。

時計を見ながらトライしてみましょう。娘さんを心配すればするほど、いらいらがつのるでしょうから、そのいらだちを抑える行為が、時計を見ることです。少し気分をそらしてみましょう。

じつは私も、人の話を聞くのが苦手です。

とくに妹の話だけは、三〇代の前半まで、黙って聞くことができませんでした。妹は、常に私の話を黙って聞いてくれていましたから、ピアカウンセリングの勉強を始めてからも、「黙って聞くことが大事」なんて、妹にはとても言えませんでした。

ところがある日、妹から「最近よく黙って聞いてくれるよね」と言われました。

相手が話し始めたらとにかく黙って聞くとか、話し終わるまでそばで見守るとか、ピアカウンセリングで学んだアプローチを私なりにしていたことに、妹は気づいてくれたのです。

娘さんの小さな声にいらいらしてしまう時も、ぐっと我慢して、黙って丁寧に相づちを打ってみてください。そして「もっと聞かせて」と笑顔で静かに語りかけ続ければ、娘さんはお母さんの変化に気づくことでしょう。

説教したくなったら、その場を離れてください。ひとりになって、空や花や、室内だったら部屋の壁に向かって、説教したいその思いを聞いてもらいましょう。

二人で楽しめることを、一日五分でも一〇分でもいいから、続けてみるのもいいと思います。たとえば料理を手伝ってもらうとか、好きなテレビを一緒に観ることでもいいのです。

自分のそばにいることを、心から喜んでくれるだれかの存在は、大きいものです。

それが大好きなお母さんであれば、娘さんはあなたにますます心を開いていくでしょう。

次に、娘さんをどうしてもほめられないと書いていらっしゃいますが、おそらく娘さん以上に、ご自分のことをほめてあげることが、むずかしいのではないでしょうか。

紙と鉛筆をとって、ご自分のいいところを一〇個、書き出してみてください。いやなところならいくつでも書けるのになあ、と思われるのではないでしょうか。

でも、娘さんのことを、心から認めて大好きだと思いたいのなら、まず自分のことをほめることが早道です。

回り道に見えても、それはとても大切なことです。

自分のいいところを一〇個書き出したら、今度はそれを声に出して、読み上げてみてください。その時に、必ず、「大好き」とか、「いいなと思っているよ」という言葉を付け足してください。

たとえば自分のいいところを〃やさしい〃とか〃娘のことを大切に思っている〃と書いたとして、「あなたのやさしいところが大好きだよ」とか、「娘を大切に思っているところがいいよ」とか、ほめ言葉にさらに愛情をプラスして、表現してみましょう。

それができたら、次は鏡の前で、自分に語りかけてください。泣いたり笑ったり、ばかみたいだと思ったり、どんな気持ちも感じてオーケーです。繰り返し練習したら、今度は娘さんの名前を上につけて、言ってみてください。「〇〇のやさしいところが大好きだよ」というふうに。

私たちは、愛情を表現する方法を知りません。学校で、そういうことを学習したり練習することもまったくありません。

愛情表現や、自分や家族のよさを見つけるための力こそ、学校で学んだり、獲得したりできるといいのに、と私は真剣に思っています。でも残念ながら、そんな授業を受けられる日は、まだまだ先のようです。だとしたら、自主学習の道を自分でつくり出しましょう。

何度も繰り返してやっていると、今度は娘さんと向き合っても、照れずにそれができるようになってきます。

娘さんが恥ずかしさから声が小さくなっても、それを責めるのではなく、「私はあなたの照れやさんのところが大好きよ」と言って何度もハグしながら、話しかけてください。

彼女は笑ったり泣いたり、怒り出したりするかもしれません。あなたはそれを見て、泣きたくなるかもしれません。泣きたければ泣いてください。涙や笑いは、責めることや説教よりもずっとずっと、あなたのことが大好きだよ、という真実を伝える有効な表現です。ぜひ、トライしてくださいね。

私と宇宙は、今はお互いの気持ちが十分わかっているので「大好きよ」としか言わなくなりましたが（今も電話を切る時には「またね」の代わりに「大好き」と言い合います）、昔はお互いの大好きなところを三つから五つ、よく言い合いました。食事の時は、今日よかったことや発見したことなどを、聞き合っていたものです。

よかったと感じることも、発見について思うことも、人によって違うのだなあ、と聞きながらよく思ったものです。

娘さんやお連れ合いと、そういったことが聞き合えるようになったら本当に素敵ですよね。楽しい家族になるでしょう。

Q9　恋愛に夢中な友人。お子さんにできることは？

若い男性に夢中な友人が心配です。彼女は、障がいのあるお子さんと、夫の三人家族です。恋した相手にストーカー気味なアプローチをして、疎まれてもいるのに、熱が冷めそうにありません。何よりお子さんがおろそかにされていないか、気になります。アドバイスをお願いします。

（あさり・四〇代・会社員）

A9　遊歩　まわりの大人が、子どもに関わって

常識的に受け容れられない恋をしている当事者の方は、私から見ると、極端にふたつに分かれる傾向があります。ひとつは徹底的に我慢する、もうひとつは、行き着くところまで行くと言わんばかりに、破滅への道をたどるパターンです。

多くの場合、我慢して、まわりもひどく巻き込まれることはありません。

しかし質問者さんのお友だちは、おそらくお連れ合いとの関係、お子さんとの関係からつらい状況にあって、自暴自棄の気持ちから、恋をしているのかもしれません。

おっしゃるとおり、お子さんが心配です。質問者さんも案じておられるということは、心配になる状況を見聞きされたのでしょうか。子どものことを、気にかける人がいるといいですね。おばあちゃんや、おじさん、おばさん、ほかの友人など、恋をしている当事者の方が頼れる人は、あなた以外にいらっしゃいますか。

当事者の方のお連れ合いはどんなご様子ですか。ご自身の子どもに対して、ちゃんとみなければという思いは、おもちなのでしょうか。

もし私が近くにいる友人ならば、第一にすることは、このお連れ合いとの話し合いだろう、と思います。彼女の恋は、お連れ合いやまわりの身近な人に対する「助けてほしい」という気持ちが、若い男性に向かっただけ、という気がします。

お子さんがどんな障がいをおもちなのかわかりませんが、子どもの生活がきちんと成り立つための、サポートをしてくれる人はぜったいに必要です。障がいをもつ子の育ちは、親だけで担うものではありません。親だけで担う必要がないように、私たちは、子育てを社会化する、という権利運動をしてきました。

もし、お子さんの状態に、それまで感じられなかった異変があるならば、地域の自立支援相談員のような方に相談されては、いかがでしょうか。

あるいは、たいへんむずかしいことでしょうけれど、週に一回程度、お子さんを預かるなどの具体的な行動も、できるとよいかもしれません。

恋愛感情は、はしかのようなものとよく言われます。しかし、たとえ一時的なものであっても、その状況の中で追いつめられるのは、障がいのある子どもです。

はしかの嵐が収束するまで、お子さんに安らかな生活が保障されるよう、まわりの人が大いにかかわってほしいと思います。それは、彼女に説教したり、彼女の恋愛相手の男性をかばうこと以上に、言葉で表現できない子どもの苦悩に、寄り添うということです。

質問者さんが、そのことに直感的に気づいていらっしゃることは幸いです。

地域社会とは、多様な人たちが、共に生きるための工夫や努力を展開する場所です。さまざまな多様な支援の道筋を想像して、助け合う地域社会をつくっていきましょう。

Q 10 子どもがゲームに没頭します。どう注意すればよいですか？

小学三年生と五年生の息子がいます。子どもたちはゲームが大好きで、毎日二時間は遊んでいます。長時間ゲームに没頭すると、子どもたちに悪影響がないかと心配です。ゲームについてどうお考えですか。

（アクア・三〇代・会社員）

A 10 遊歩 ゲーム以外の遊びを一緒に考えてみて

子どもたちにとって、自分を愛している人たちが、それぞれの仕方で愛を伝えてくれるということが、すごく大事なことだと思います。

小学生なら外遊びなど、ゲーム以外の遊び方を、お子さんたちと相談して考えてみてはどうでしょうか。

ほかの遊びを提案しながら、「お母さん、あなたたちがあんまり長い時間ゲームばかりしていると心配なの」と、質問者さんの気持ちを、お子さんたちに伝えてみてください。また、料理を一緒にするのも、五感を使うし好奇心も引き出しやすく、楽しい時間になるでしょう。

お母さんも、必要な時にしかスマートフォンを使わないようにするから、とか、自分も努力するよ、という姿勢を子どもたちに見せるのも、大切です。

どの親も、子どもに幸せになってほしいと思いながら、子育てをしていますよね。幸せを感じる時とは、人との出会いや、ゆたかな人間関係がどれだけまわりにあるか、だと私は思っています。

お子さんが、どんなゲームが好きなのか、詳しくない私にはわかりませんが、たとえば二時間以内にしようね、と約束して、その約束をまず大事にしようね、と話し合ってみてください。

ただ、中国やアメリカには、インターネット依存症になった大人や子どもの回復施設までできています。非常に残念ながら、日本でも、ゲームやネットの依存症といえる状況にある人たちが相当数いるのではないかと、私は思っています。それは社会全体で、みていかなければならない、取り組まなければならない事象です。

私の娘もゲームが好きでしたが、思い出してみると、相手をしてくれるだれかがいる時には、ゲームはしていませんでした。

多様な人間関係の中で、お子さんがゲーム以外にも好奇心をもって、楽しい時間を過ごせるような環境を準備できると、いいですね。

もちろんその環境づくりは、親だけではむずかしいことです。まずお母さん自身が、まわりの人とのいい関係をつくってください。そして、ゲーム以外の遊びにお子さんが興味をもつようなアイディアを、まわりの人にも聞きながら、考えていってください。

A10

宇宙

話し合って、子どもを信じてください

ゲームは楽しいので、没頭してしまうお子さんたちの気持ち、よくわかります！　ゲームは悪いことのようにとられがちですが、想像力をふくらませたり、計画的に考える力を身につけることができるゲームもあります。

何より、趣味があるのは悪いことではないと思うのです。ただ依存的になっ

てしまったり、視力が落ちたり、ずっと同じ体勢でいるからからだによくない面があるのも確かです。

ゲームをやめてもらうのは、子どもがゲームと同じくらい集中できることがないと、なかなかむずかしいと思います。悪影響があってもタバコを吸う人がいるように、悪影響があるとわかっていても、子どもたちもゲームを続けることのほうを選ぶと私は思います。

お母さんのご心配はもっともです。でも、子どもは心配されるのが伝わると、逆に反抗して、さらにゲームをしたりするかもしれません。私はそうでした。でも、そのうち、学校が忙しくなってきたり、自分でバランスを見つけることができるようになってくると思います。今、一日二時間という時間を守れているのでしょうか。時間をちゃんと守るように話し合って、心配かもしれませんが、子どもが自分でバランスをとっていけることを、信じてあげてください。

Q11

家を出るか、病気の母のそばに残るか迷っています。

次の春、専門学校を卒業したら、東京の有名美容院で働きたいと思っています。しかし母の具合が悪く、地元に残ってほしいと言われています。母とは仲が良く、何でも話せる関係ですが、東京に行きたいと思っていることを打ち明けられません。会社員の父は、私が中学に入ってからずっと単身赴任です。私が東京に行くと、母はひとり暮らしになります。父も母の具合は心配しながら、家計を考えると仕事を辞めることはできません。母のそばにいてあげたい気持ちと、東京で働いてみたい気持ちの間で、迷っています。どうすればよいでしょうか。

（シナモンドーナツ・一九歳・専門学校生）

A11 遊歩 あなたの夢を、家族で分かち合って

本当に心配ですね。お母さんと仲が良いからこそ、言えないお気持ちも、よくわかります。お母さんも、あなたのことが大好きでしょうから、体調がよくなくても、あなたの人生を応援したいと思っていることは、確かです。

そのことがわかるからこそ、また、あなたの悩みも深まるのだろうと思います。

お母さんも、あなたと同じ年代の時に、同じような悩みを抱えていたかもしれません。そんな話を聞いたことは、ありますか。

また、お父さんのお仕事上、お母さんがひとり暮らしになることを心配されているようですが、家族というのは、だれかが新しく自立をすれば、家族みんなの関係性も、少しずつ変わっていくものです。

勇気のいることとは思いますが、あなたが希望する将来や、あなたの夢について、率直に、お父さんとお母さんと分かち合うのが、いちばんかと思います。

時々帰ってくることもむずかしいような距離なら、その夢は数年後にしてほ

しいとか、お母さんも具合が悪ければ、正直におっしゃるかもしれません。

あるいは、お父さんが、単身赴任先に、お母さんも一緒に来ないかと誘うこともあるかもしれません。あなたが独立することで、家計を支えなければというお父さんのプレッシャーも少なくなります。収入が減ってもお母さんと暮らそう、となることも、考えられないことではないでしょう。

いずれにしろ、あなたに夢や希望があるように、お母さんにとっても、あなたがいなくなった後の生活には、ただただ寂しくてつらいというだけでなく、あなたの夢や将来を応援している、という充実感も、あるはずです。

人間は、互いに対する正直さと思いやりの中で、ベストな選択をしていくものです。あなたがすでにお母さんに対する思いやりで、一生懸命悩んでいることは、素敵なことです。

そこにプラスして、自分の夢に対する正直さをお母さんと分かち合えれば、短期的には、お母さんも寂しいという気持ちを伝えてくるかもしれませんが、長期的には、どんな選択になるにしろ、よい関係がさらに深まり、続いていくに違いありません。

さあ勇気を出して、お父さんとお母さんに、こんなに素敵な夢と希望をもてる私になったよ、と伝えてください。

A11 宇宙 それぞれが、自分の人生を生きられますように

私は幼いころから、母が高齢出産だったこともあり、一緒にいられる時間は短いと感じてきました。

今はニュージーランドの大学に通っているので、これから母と一緒に過ごせる時間は、もしかしたら本当に数えられるくらいなのかもしれない、と思うことがあります。それはとっても、怖い考えです。

でも、天寿をまっとうしたなら、親が先に逝き、その後も子どもは生きていくものです。

そして、当たり前のことですが、どちらかがこの世界からいなくなってしまったとしても、残った人のいのちは続きます。だからこそ私は、少しでも長く一緒にいたいというより、少しでも早く、自分で生きていけるようになりたいと思ってきました。でも、ニュージーランドに行くと決めた時から、一緒に過ご

したいという思いがわいて出てきて、高校卒業後、すぐに進学せずに、二年間、母のもとで過ごしたりバイトをしたり、旅をしたりして過ごしました。大学へ行く前の夏、母の家で三週間ほど一緒に過ごして、改めて気づいたことがあります。

母は、私がいなくても、彼女の世界をつくって生きていくのだ、ということです。それはとても、よい気づきでした。

だから、自分の人生を大切にしてほしいです。距離が離れても、親子が親子であるという事実は変わりません。私の母も、私に「寂しい」とか「一緒に住みたい」と言ってくることがあります。それで、私の心が揺らぐことがあります。母の体調がよくない時もあります。

でも私たちは、親子であっても、別の人であるから、それぞれの人生がある。お互いの人生を尊重して、お互いの力を信じて生きていこうとしています。私の中で、お互いの力を信じるということは、それぞれに助けが必要な時に、それぞれが、まわりの人に助けを求める力がある、ということを信じるということです。この社会では、具合が悪い時や怪我をした時などに、人に頼ることがなかなかできません。だから家族のことを思うと、質問者さんのように、自分の夢を追いかけるのはむずかしいと感じる人も、多いと思います。

　でも、まわりの人に頼ることは迷惑なことではありません。ひとりひとりがもっとだれかを頼れる社会になれば、夢を追いかけることを応援できる社会になっていく、と私は思います。質問者さんが自分の行きたい進路を選び、お母さんがまわりの人に頼れるようになることは、まわりの人も自分らしく生きられる社会づくりにつながると思います。

　質問者さんが自分の人生を生き、また、お母さんが自分の人生を生きることができますよう、応援しています。

Q12

離婚後も子どもに会いたい。できることはありますか?

妻と離婚しました。子ども三人は妻のところにいます。妻は親と仲が悪く、前の結婚ではDVを受けていました。上の二人は妻の前の結婚の子ですが、私は子どもが大好きで、子どもの面倒もよくみてきたつもりです。子どもに会えるように、すべきことがあればおしえてください。

(アルファ・四〇代・会社員)

A12

遊歩

共同親権を考える活動を

パートナーのしんどさを知って、一生懸命がんばられたことと思います。またパートナーも、きびしい過去をもちながら、ベストを尽くしてこられたのでしょう。どうか、ご自分を責められることのないように、相談してくださったこと、よかったです。

単独親権と共同親権をご存じですか。さらにつらい話となりますが、日本は、子どもの利益の最善を求めるための政治が機能していません。ヨーロッパやアメリカなどいわゆる先進国では、共同親権を採用しています。しかし、日本は単独親権です。離婚した場合、子どもの親権をめぐって、ご夫婦で争いになるように仕向けられています。

質問者さんが親権をとりたいというお考えもあるかと思いますが、すでにお子さんを連れて、パートナーが家を出ている以上、親権についてはあきらめざるをえないかもしれません。これから協議離婚、あるいは調停離婚など、パートナーからの申し立てがあるかと思います。その時には、子どもとの面会権を極力保障されるよう、がんばってください。養育費は出しても、子どもに会わせてもらえない父親がいます。そうした人たちも集まって、共同親権運動ネットワークがつくられています。

人間にとって、多様な人とのかかわりは、ゆたかな人生を生きるために必須なものです。とくに、安心できる大人がまわりにいればいるほど、子どもたちの人間への信頼感が育ち、生きやすくなるでしょう。

そのためにも質問者さんがこの火急の事態を、個人的な問題としてのみとらえることなく、動いてくださることをお願いしたいです。どんな事情であれ、子どもたちは自分の人生を自分でつくっていく力をもっています。なのに、日本の単独親権制度は、その子どものもつ力への励ましや肯定感が、まったくないのです。

現状では、母親が暴力的な父親から必死で子どもを守らなければならない状況があります。単独親権の制度だからこそ、子どもたちの安全がぎりぎり守られているのです。養育費の支払いも十分に行われていません。つまり子どもの養育に興味がない男性たちを、どう巻き込んで社会をつくっていくか。大きな大きな課題が山積しています。この状況をいつまで続けるのか、社会全体が、子どもの側に立って考えはじめなければならないと思います。

質問者さんが、ご自分の個人的な悲しみを社会的なものにまで発展させて考えてくださるようにお願いします。それは一見、遠回りに見えると思いますが、子どもたちにとって、必要な活動です。暴力的な家庭から逃れた女性と子ども、そして暴力を止められない男性、という対立の図式から自由になって、未来を考えていくことが必要です。

とくに質問者さんは、男性からの暴力というケースとは一線を画しているのですから、パートナーと子どもたちと、日常的な交流が実現できるようにがんばってください。

繰り返しますが、ひとつには共同親権を考える活動を行うこと、ふたつ目に、パートナーと丁寧な会話ができる道筋をあきらめないこと。このふたつを心に留めてください。心から応援しています。

第2章　コミュニケーション

Q13

友人の好意を上手に断るには？

○○○（市販のドーナツ）をプレゼントしたいんだけど、とママ友に言われました。私は家族の健康、とくに食の安全に気を遣っていいます。市販のドーナツに含まれているトランス脂肪酸は、避けているもののひとつです。ただ、ママ友が好意で言ってくれているのもよくわかったので、断れませんでした。いただいて子どもと食べました。でも後から、どうして言えなかったんだろう、と、その場の空気に合わせてしまう自分に落ち込みます。そういう時にどうしたらよいか、アドバイスをいただけると助かります。

（ミルキーウェイ・四五歳・主婦）

A13

遊歩

まず、お礼の気持ちをいっぱい伝えて

アサーティブ・トレーニングというコミュニケーションの訓練法があります。

相手の権利や思いを傷つけることなく、自分の思いを対等な目線で伝える方法で、二〇年以上前、私も友人たちと勉強会を開いていたことがありました。

ここではその方法を使って、お答えしますね。

このコミュニケーション法を学ぶ時には、ロールプレイを行います。もし、他のお友だちとロールプレイができるなら、それも素敵なことです。協力者を見つけるのがむずかしくても、ひとりで、鏡の前でリラックスしてにこやかに、彼女に言いたいことをまとめて言ってみましょう。

たとえば「ありがとう。いつも私たちのことを考えてくれて。あなたのやさしい気持ちには、いつも感謝しているの。ただ今回のドーナツについてだけは、私、気になっていることがあるのよね。あなたのことを責めたいわけではまったくないし、あなたとさらにいい関係になると思っているの」と始めてみては、いかがでしょうか。

そして彼女の応答も、予想してみます。彼女は、あなたの気になっていることを聞こうとする人でしょうか。それとも、聞く準備がありそうにない方でしょうか。いくつかの彼女のパターンを考えて、さらにあなたのほうも答えを準備します。

あなたのことを嫌って言っているのではない、ということがうまく伝われば、彼女との関係もさらに充実すると思います。

こうしたことを伝える時のベースには、相手のことも、もちろん自分も、責めているわけではまったくない、という、自分に対する信頼が必要です。

この構図を端から冷静に見てみてください。あなたは彼女を責めているわけではまったくないし、ドーナツを受け取らないからと言って、あなたが彼女に責められる理由も、まったくないのです。

お互いに傷つけ合いたいわけではないということを、何度も繰り返し心にとどめて、穏やかにドーナツは断り、いい関係を深めていってください。

A13 宇宙 私も断らないことが多いです

自分が大切にしていることを、曲げないでいるのはむずかしいこともありますよね。言えなかった自分を責める必要はないと思います。その人との関係を温和に保っておきたい、という思いからの行動だったのですから。

私はビーガンで、動物性の食べものをいっさい口にしない食生活を選んでいますが、友人からバターなどを使ったお菓子を出されたら、断らない時もあります。そして、食べた後に具合が悪くなって、断らなかったことを後悔することもあります。それでも、私も断らないことが多いです。なぜなら相手の好意がうれしいし、同じものを人と共有するのが楽しいからです。

ただし、断ったからといって関係性が壊れるわけではないことを知っておくのは大切です。空気を読んでしまう自分は責めずに、ものは受け取らないで、かつ相手に自分の気持ちを伝えることができたら、いちばんいいですよね。私も一緒にがんばりたいと思います。

Q14

家族への不満を言うのはだめですか?

家族への愚痴をこぼすと、まわりの人によくたしなめられます。「あの人は一生懸命あなたのことを思っているのに」と逆に責められます。そんな時、どのように切り返したらよいのでしょうか?

（いくこ&さき・三一歳・フリーター）

A14

遊歩

愚痴を言う時は相手を選んで

「家族への愚痴」というおたずねですが、家族はご両親でしょうか、それともお連れ合いでしょうか。

あなたが相手に安心しているからこそ、愚痴をこぼしているのに、その方があなたを責めてくるとしたら、それは、その方ご自身の問題です。その方が、ご自分の家族との間に、何らかの葛藤や、コミュニケーションのむずかしさをもっているのだろう、と思います。

あなたがかかわる筋合いはまったくないことですから、「黙って聞いてよ、あなただから言えるんだから」と返すのもひとつですが、そうするとさらに、また責めるようなことを言われるかもしれませんね。

さらに責めるような言葉が返ってきたら、「あなたも私と同じような愚痴を本当は言いたいんでしょう。私が聞いてあげる」と言うのもよいかもしれません。

あるいは、「家族が私のことを一生懸命考えてくれているって、いちばんよく知っているのは私自身なんだから。それでも家族に文句を言いたくなる時がどうしてもあるの。あなたはいい人よ、それを聞いてくれるんだから。助かるわ」などと賞賛するのも、いいでしょう。

家族の文句を言う時には、本当に聞いてくれる人を選ぶことが、大切です。

質問者さんのケースのように責めてくる人はまだいいのです。家族への不満を真に受けて「そんな人と一緒にいるなんて本当にあなたかわいそう」などと言われると、逆に「家族はいい人なんだけど……」という感情がわいて、うさばらしにもなりません。

家族に対する愚痴の上手な聞き方とは、黙ってにこにこと聞いてあげること。

話す側は聞いてもらうことで、頭が冷えてくるのです。そうして、考え始めるスタート地点に立てたなら、家族との関係も、おのずと変わっていくものです。

私たちひとりひとりの家族への思いは、ユニークかつ複雑です。相手が責めてきたその瞬間、それは自分の問題ではない、相手がもっている問題なんだ、ということを認識しましょう。そして穏やかな笑顔で聞くか、「聞けないよ」という意志を表明するか、その時々で、それはあなたが決めていいことです。

愚痴を言ってはいけないのではありません。聞いてもらえる相手を選ぶことが、ポイントです。聞いてもらえない時も、そういう付き合いも必ずあるものですから、その関係性を楽しめたらいいなと思います。

A14

宇宙 「聞いてくれるだけで助かるの」と前置きしては

今まで、愚痴の後に責めてくる人に、どのように返答されていましたか。何も言えず会話が終わっていたのなら、なおさらもやもやしますよね。今度そんなことがあったら、「ただ話したいだけで、話したらすっきりしたから、聞いてくれてありがとう」と言ってみるのはどうでしょうか。

それから、まず、愚痴を話す前に、「聞いてくれるだけですっきりして助かるから、ただ聞いてもらえないかな」と伝えてみるのはどうでしょうか。

愚痴を言う時は聞いてほしいだけの時が多いので、きっとたしなめてくる人も、「ただ聞いてほしい」という前置きを聞けば、少しは何も言わず聞いていてくれるのではないでしょうか。

また、たしなめてくる理由として、その人がどうしようもない状況を聞いて、もどかしくなって、ついたしなめてしまう……そんなプロセスもあるのかなと思いました。でも、質問者さんは、意見を求めているわけではないのですよね。

前置きをしても、まだ責められて、質問者さんがすっきりしない気持ちがつのるようなら、私も愚痴を話す相手を変えることをおすすめします。

愚痴とか、もやもやした気持ちを吐き出すには、いろんな方法があります。他に気持ちを聞いてくれる人がすぐに見つからなければ、ツイッターに鍵をかけた個人のつぶやきアカウントをつくってみたり、日記をつけてみるのもありかもしれません。私も愚痴は、特定の信頼している人にこぼします。そして、日々のいろんな思いは日記に書くようにしています。私にとっては、それがとてもいい気分転換となっています。

Q15 自分の居場所を見つけるには？

仕事においても生活においても、自分の居場所がありません。自分の考えを話しても、私が望んでいるものと違う答えが出て、仕事をする気力もなくなってしまいます。そして、そんな自分が嫌いです。一緒に悩んでくれる健常者の仲間がほしいです。一緒に協力してくれる仲間がほしいです。

（みやなこ・四〇歳・フリーター）

A15 遊歩

どんな人もそこにいていい

「健常者の仲間」という言葉で、障がいをもっていらっしゃる方だな、と気づきました。まず私は、障がいをもつ人として、あなたの仲間です。仲間を信頼して、質問してくれてありがとう、とまずお礼を言いたいです。

社会は、障がいをもたない人のからだに合わせてあらゆるところがつくられていますから、居場所がないと感じるのは当然です。

みんなが当たり前に使えるもので、あなたにとって使いにくいものはありますか。あるいは(あなたが車いすを使っていたとして)、段差が多くてあなたの移動が制限されるような場所で、ほかの人が不便なく動き回っている状況があったとします。そこであなたが、自分の居場所がないと感じてしまうのは当然です。

そういう時には、まわりの人に合理的配慮を求めてみましょう。

合理的配慮とは、たとえば車いすの人を雇う場合、職場にある段差を解消するとか、目の見えない人を雇う場合、その人が使えるようなソフトウェアを用意するとか、みんなが同じ地点に立つために、障がいをもつ人に対して必要とされる配慮のことです。

また仲間を得たいということですが、その気持ちを表現できるといいですね。仲間がほしいという思いをもって、人に話しかけたり、かかわりをもってみてください。

私は、ひとりぼっちだと感じているような人に興味や関心をもつことが多くて、おせっかいとか人の世話を焼きすぎると言われます。そんなふうに言われるまで人にかかわることも、ひとつの方法かと思います。

人に声をかけることがむずかしいと感じるのなら、練習してみましょう。鏡に向かって話したり、友人とロールプレイをするのもいいでしょう。自分が変われば、仲間がどんどんできてくるものです。

「居場所」という言葉のイメージはさまざまあると思いますが、あなたのイメージに近い場所を探して、参加してみるのもよいと思います。最近は、障がいをもつ人のデイケアセンターで、オープンなお食事会をするところもあると聞いています。

私自身は、すべての場所が私の居場所と感じ、考えています。ひとりでいても大きな空を見上げる時、木々や草の声が聞こえる時には、自然の偉大さ、やさしさを感じて、この地球が私の居場所なのだな、と感じます。自然の中の自分の大好きな場所も、素敵な居場所となるのです。

人生でいちばん根治のむずかしい病は、孤独です。しかし、私たちは言葉をもち、人とつながることを喜びと感じる感性をもっています。そのことを自覚できれば、本当の仲間をつくっていけるに違いありません。

まずあなたは悩みを書いてくださることによって、私という仲間を得たという、そのことに力を得ていただけるとうれしいです。

A15 宇宙 まず、自分が自分の仲間になって

生活においても居場所がないと書かれていましたが、ご家族と一緒に暮らしていらっしゃるのでしょうか。

居場所がないと感じるのって、つらいですよね。それに、自分の悩みを言語化して、人に伝えるのって、むずかしいと思います。

でも、それを知りたいと思っている人は、必ずいます。

私も遊歩と同じように、居場所がないと感じている人が自分のまわりにいたら気になるし、その方が、どうして居場所がないと感じているのか、知りたいと思います。

この社会はあまり悩みを見せず、自立しているようにふるまうのがよいことだ、とされています。そんな社会の中で悩みをさらけ出して、心から助け合える関係性をつくるのはなかなかむずかしいことですが、必ず可能だと私は思っ

ています。

そのためにはまず、自分が自分の仲間になって、つらいなと思った時は無理をしないでいいよ、だれかに助けを求めに行ってもいいんだよ、と自分に伝えてあげてください。そして、仲間になりたいと思える相手を見つけたら、向こうからアプローチしてくるのを待たずに、こちらから先にアプローチしてみるといいと思います。

私も、居場所がないと感じる時があります。それはどういう時かな、と考えてみると、「自分がここにいてもいいのだろうか」と不安に思う時です。質問者さんも、もしかしたら居場所がないと感じる時、そうした不安を抱いているのではないでしょうか。

もうひとつ大切なのは、どこにいても、私はここにいてもいい人だ、と感じるようになれることだと思います。

まわりからの評価によって、自分の居心地のよさは変わってきます。でも、自分を常に評価しているのは自分です。先に書いた通り、私も自分の居場所がないと感じて不安になる時がありますが、同時に同じくらい、「自分はここにいてもいいんだ」という自信ももっています。

ちょっと矛盾しているように聞こえますが、不安に思った次の瞬間、「いや、でも私がここにいるのはいいこと」と思い出せるのです。どんな場所に行っても、ずっと一緒にいるのは、自分自身です。そして、自分自身が自分の仲間になれる最初のひとりだと思います。

まず自分自身を認めてあげることが、居場所をつくる最初の一歩になるのではないでしょうか。

Q16 ひとり暮らしの家事をうまくこなすには？

独身でひとり暮らしをしていますが、家事がうまくできません。自炊、掃除、洗濯も、すべて後回しになってしまいます。毎日ほとんど外食で、体調もあまりよくなく、気力がわいてこない感じです。持病もあり、このままでは生活が壊れてしまうのが目に見えています。そこまで追い込まれても、自分を変えることができません。アドバイスがあったら、お願いします。

（ふれでぃ・三四歳・アルバイト）

A16

遊歩

だれかと一緒にごはんの時間を

ご相談の内容から、お仕事のストレスが重なって気力が出ないのか、あるいは持病ゆえの気力のなさなのか、ちょっとわかりかねるのですが、「毎日外食で体調もあまりよくない」とありましたので、家事全般というよりは、まず食べること、食事をつくることについて、一緒に考えてみましょう。

外食ばかりなのは、たぶん、自分でつくれないというよりも、人を求めておられるのではないでしょうか。ひとりで食べることの寂しさを感じないようにすればするほど、問題は見えにくくなります。

一緒にごはんを食べるお友だちはいらっしゃいますか。外食先でも、いつもおひとりで食べていらっしゃるのかな。まず一緒にごはんを食べようと言えるお友だちがいると、いいのですが。

食べるという行為は、人が、人らしくあるために、本当に大事なことです。食べる時にひとりぼっちで黙って食べる、あるいはテレビを見ながら食べる、その孤独が、多くの人を、バラバラにしているのではないでしょうか。まず、ひとりぼっちが寂しいということを自覚したうえで、そこからどう出ていけるか、考えてみてはいかがでしょうか。

たとえば外食先で出会った人に、一緒にごはんをつくろうよ、と声をかけてみるのは、どうでしょう。もし可能であれば、「週に数回ごはんを一緒に食べようプロジェクト」を提案したいと思います。ご自身の家に人を招くことがむずかしければ、おにぎりをつくるなど、ひとり一品つくって、持ち寄ってどこかで食べてもいいですね。料理の得意な人を探して、料理教室を開くのもいいかもしれません。

断られても、すぐにうまくいかなくてもぜったいに自分を責めないで、気長に声をかけ続けてみてください。食べることに変化が生まれれば、掃除や洗濯についても、だんだん解決するのではないかと思います。今はこれが精一杯なんだ、と今の自分を認め、心の中で自分を抱きしめてください。自分を批判したり、自分にきつい評価をするのは少しずつやめていけるといいですね。

気長に、と書きましたが、これは自分が声をかけられたら……と想像してもらえば、すぐにわかると思います。今の社会には、自分に声をかけてくれる人に対して、喜ぶ前に、警戒しなさい、というメッセージがあふれています。だから、あなたのまっすぐなお誘いが、それぞれの人に届くまでには、時間がかかることもあるのは、残念ながら確かです。

でもあきらめないでください。あなたのお誘いを待っている、もうひとりのあなたが、たくさんいるはずですから。

Q17 赤ちゃんが長時間スマホで遊んでいる…どう声をかけたら？

地下鉄で、赤ちゃんにスマホを使わせているお母さんを見かけました。赤ちゃんは、三〇分以上はスマホをさわっていて、電磁波過敏症の私はとても気になりました。声をかけようかと迷いながら地下鉄を降りてしまい、もやもやした気持ちが続いています。今度そういう場にあったら、どのように声をかけたらよいでしょうか。

（コメット・五〇代・自営業）

A17 遊歩 愛情をもって、話しかけてみて

電磁波は目に見えないために、ほとんどの人がその害を深刻には思っていません。でも、敏感な人にはわかりますよね。

私も電磁波に弱いので、地下鉄に乗って両サイドの人たちがスマホを使って

いる時には軽い頭痛がしたり、からだがだるくなったりします。そうした電磁波過敏症の症状だけでなく、小さい子どもの場合、表現力や自発性の発達への懸念も言われています。[1]

ヨーロッパでは安全規制が進んでいます。イギリス、フランス、ロシア、スウェーデン、フィンランド、イスラエルなどで子どもの携帯電話使用を制限、または禁止する勧告が出ています。[2] ところが日本では、子どもに対する制限はありません。

私が考えていることは、小さなカードに「電磁波のこと、知ってますか？」とか簡単なメッセージを書いて、裏面には電磁波についてよく研究したり、勉強しているグループの連絡先を入れたものをつくってみることです。そんなカードをもって歩けないかな、といつも考えています。まだ実行したことはないのですが。

どんな場合でも、気になる状況に子どもが追いやられていたら、とにかく私たちは、どんな言葉でもいいので、まず話しかけるのが大切です。

たとえば「何を見てるのかな？」とか、「小さいおててに重くないのかな？」とか、赤ちゃんとお母さんに話しかけてみてください。その時には、非難したり、電磁波の害をすぐに伝えなければならないと意気込む必要はありません。

お母さんはいつも一生懸命、子どもを大事にしたいと思っているわけですから、「電磁波はからだに悪いですよ」「害を知っていますか」などと話しかけられたら、お母さんの耳は閉じてしまうでしょう。

まず、「かわいいお子さんですね」と言いながら、「おいくつですか」とか、電磁波に心を煩わせることなく、話しかけてみてください。

話しかけられたお母さんは、きちんとこちらを見てくれるかどうかはわかりませんが、少なくとも赤ちゃんは、あなたの声かけに反応するお母さんに、注目するに違いありません。赤ちゃんにとっては、お母さんの声、お母さんとのコミュニケーションが、いちばん大切なわけですから。

あなたが愛情をもって、その親子に近づくならば、赤ちゃんの手は、いつの間にかスマホを手放しているでしょう。

一期一会を楽しみ、小さな子どもがスマホではなく、お母さんとコミュニケーションする機会を、ひと時でも多くつくってみましょう。

A17

宇宙 子どもと仲良しに

私は電車の中で小さな子どもと出会うと、仲良くなりたい！ と思います。そして、こちらが子どもに注目すると、かなりの確率で、こちらの注目に子どもが気づいてくれます。

そうすると子どもは、スマホより、自分と遊んでくれる人に意識を向けるものです。そんな時、私はたとえば「いないいないばあ」をしたり、手遊びをしたりします。

電車の中で知らない人と話すことなど、もうほとんどなくなっていますが、多くの子どもたちは知らない人との出会いを楽しむ力をもっています。

子どもが知らない人と遊んでいるのを見て、少し戸惑う親御さんもいるかもしれませんが、だいたいが喜んでくれるように思います。

遊歩の回答にあるように、電磁波の影響を突然伝えようとしても、ほぼ伝わらないですよね。

親御さんに話しかけるより、子どもと仲良くなったほうが、子どもの気がスマホからそれて、スマホを使うのを休憩してほしいという思いも叶うし、ハードルが低いように思います。

スマホはとても便利なものですが、同時に、人と人との距離を広げてしまうこともあるように感じます。質問者さんと出会った子どもたちが、画面を超えて、距離の近い、でも、同時に多様で豊かな世界に出会えるといいですね。

注

1 北海道新聞二〇一七年三月七日付「スマホ育児大丈夫？　親、視力への影響懸念『発達に支障』の声も」。

2 矢部武『携帯電磁波の人体影響』（集英社新書、二〇一〇年）。

Q
18

入店拒否にあいました。こちらの言い分をどう伝えたらよいですか？

車いすを使っています。先日、友人とカフェに行ったら入店拒否されました。前に拒否された時も、何も言えませんでした。でも、すごくいやな気分が続きます。言い返したいと思っても、怖くて言葉も出てきません。こんな私にもできるような、いい伝え方があれば、おしえてほしいです。

（カフェオレ・二〇代・学生）

A
18

遊歩

差別にあったら、それはチャンスです

差別にあったら、差別を止めていくいいチャンスだと考えて、関係性をつくっていくことが大事です。

ただし、関係性をつくるということは、自分の権利について、黙り、我慢す

ることではありません。店に入れないという権利侵害を受け、痛みやつらさをどれだけ感じているかを自分でしっかりと自覚し、あきらめることなくその店に通ったり、ほかの人の力を借りることも大切です。

私も最近、入店拒否を受けました。駅中のうどん屋さんで、「車いすの方は無理ですから」と頭ごなしに言われました。なぜ無理なのかを聞くと「机といすが動かない」という理由でした。「お客さんがいっぱいなので」と店員は言って、私の後ろに並ぶほかの客を店内にどんどん案内していきました。のぞきこむと確かに狭くはありましたが、車いすが入れない狭さではありませんでした。なので「それは差別なんですよ」と言っても、私の言葉は無視して、次に並ぶお客さんを入れ続けるので、「なぜ入れないのか、店長に聞いてきてください」と言うと、奥に入ったきり出てこなくなりました。

そこに、制服を着たビル管理会社の人がたまたま通ったので、状況を話しました。そして、これは差別にあたることを説明し、店長に話すよう伝えました。その人が店内に入ってしばらくして戻ってきて、「どうぞお入りください」となりました。

たいてい、みんなは拒否されたら、その時点であきらめてしまいます。でも私は常に、地域で生きる障がいをもつ人として、自分をロールモデルだと自覚しています。そして、あきらめないという選択をし続けています。

はっきり言って、今回のお店とも、これまで入店拒否をされてきた数々のお店とも、関係性がつくれたかと言うとそうではありません。でも私は、差別に向き合う時、まず、自分自身との関係性を意識します。その関係性には、二面あります。ひとつ目は、歴史の中で、障がいをもつことで黙らされ、我慢させられ、あきらめさせられてきた自分。もっと言えばその我慢すら、自覚できないくらい、差別されることが当たり前と感じていた自分。

ふたつ目は、小さい時から家族に大事にされてきたゆえに、障がいがあっても何でも言っていいいし、主張していいいし、自己決定をみんなと同じように通していいし、そのことが、差別を越えてゆくために必要なんだと認識している自分。

この両方の自分を、差別に向き合うたびに自覚させられ、考え続けるのです。

差別とは、悪意と共にやってくるものより、善意と共にやってくることが多いので、非常に混乱させられます。

現在、札幌に住んでいますが、バスに乗ろうとして「あなたのためを思うから、必ず予約してください」と言われたことがありました。しかし、バスに乗車するのにいちいち予約していたら、それは、公共交通機関とは言えません。タクシーと同じなので、家の前まで向かえにきてもらえますか、と応答します。すると、善意に悪意をもって返すのかという態度を見せつけられます。

車いすの仲間たち数人でお店に行こうとした時、店内に席があるにもかかわらず、「狭いので別のお店に行ってください」と言われたことがあります。

これはひどい差別だ、と私は言いかけました。ところが年上の友人が私を制して「差別と闘うより、おいしいものを食べたい。だから別のお店に行こう」と小声で言いました。彼は「車いす二人くらいだったら、言い返したかもしれないけれどね」と言いながら、外に出ていきました。その時は、私も彼の選択を尊重しました。

しかし私は、いやな対応のお店に通える距離なら、通い続けます。私のやり方が正しい、と言っているわけではありません。多様な選択の中で、自分自身がどうしたいか。それが大切なのです。

差別は、足をふまれている側しか、その瞬間には気づけません。足をふんでいる側、つまり差別をしてしまった側が気づくためには、被害者がその痛みを訴えることが必要です。そうしなければ加害者に、人の足をふんでいることをはっきり自覚させることはできません。

もし被害者の痛みを訴えなければ、相手は多少の違和感を覚えるか、あるいはまったく気づかずに通り過ぎてしまうか、どちらかでしょう。

「車いすだから、入店されたら困る」と言われて「ああそうか」と言ってしまったら、まるで、入店拒否した人のほうが、正しくみえてしまいます。拒否されたあなたが傷ついたとは、相手は想像もできないでしょう。

差別に向き合うということは、自分が、足をふまれてめちゃくちゃ痛いんだ、ということに気づき、それを、まず自分が納得できるまで、伝えることです。

多くの人は、伝えることのほうがさらにつらいので、足をふまれたまま我慢し続けます。しかしそれでは、社会は変わりません。

最初の差別は、自分自身に対する差別から始まります。それを差別の内面化と言います。それが続くと、あきらめや無力感、さらには自己否定感がつのって、差別されることが当たり前となってしまいます。

しかし、あなたはあきらめませんでした。こうして私に聞いてくださったことで、次の行動を少しでも変えたいと思っていらっしゃるのです。つまり、内面化に決然と対抗しているのです。

もしまた、何も言い返せなかったとしても、大丈夫。じっと拒否する人の目を見つめ、今ここで、何も言えないのではなく、次の戦略をさらに練るための勇気ある撤退なのだと考えてください。

自分自身をぜったいに責めないで。どの瞬間の自分自身もおとしめることなく、自己否定することなく、差別することなく生きていきましょう。

A18

宇宙　練習が必要です

反論するのに、身構えてしまう気持ち、わかります。それで、さらなる拒絶にあうのも、怖いですしね。

でも、どちらにせよ最初に拒否してきているので、さらなる拒絶があっても、あまり状況は変わらないのかなと思います。そういうふうに考えてみたら、反論できると思えるでしょうか。闘うのが怖いという思いもありますよね。

議論にならないように、相手に思いを伝える方法もあるのではないかと思います。

私も入店拒否にあったことがあります。きっと質問者さんが拒否にあった時も、お店の中が満席だったわけではないと思います。そういう状況だったら、「満席ではないですよね？　なんで入れないのでしょうか？」と、淡々と聞いてみるのはどうでしょうか。

予約客がいると言われるかもしれませんが、たとえば予約のサインが置いてなかったら、それを指摘することもできると思います。それでも、相手が拒否し続けるようでしたら、「今のあなたの態度は、差別にあたりますよ。上司を呼んできてもらえますか」とその人以外のお店の人を呼んできてもらうのも、ありかもしれません。

だいたい、拒否するほうは、自分がしたことをすぐに忘れてしまうものです。けれども拒否されるこちらとしては、そのあと何日も、いやな気分が続きます。だから、相手の行動がどんな影響を与えるか、伝えることは大切だと思います。

拒否された瞬間は、びっくりするからか、一瞬思考が止まって反応ができなくなったりしますよね。私は、そうなってしまうことがあるのですが、遊歩は、そんなことがまったくないようなのです。

遊歩を見ていて思うのは、反論ができるようになるためには、日々練習して、差別に対する反射神経を鍛えていくことが必要だということです。本当は練習する必要があってほしくないことだけれど、まだあちこちにバリアがある社会である限り、素朴な疑問を指摘するようなところからでも、一緒に、変えていきましょうね。

Q19

胸の手術を希望している友人に自分の意見を言うのは、余計なお世話？

自分の胸が嫌いで、いつかは必ず手術したいと友人に打ち明けられました。彼女が彼になってもいいのですが、手術はしないほうがいいんじゃないの、と言いたい思いがあります。余計なお世話でしょうか？

（サーシャ・三〇代・団体職員）

A19

遊歩

正直に伝えてみてください

私は六歳から一三歳まで、曲がっている骨をまっすぐにしたほうがいいという考えで、何度も手術をされてきました。

手術については、頭の中でおかしいと思う以上に、からだがぜったいにやめたほうがいい、と叫んでいるのが聞こえてきます。

私は、どんな理由があっても、他人から自分のからだにメスを入れられることについては、同意できません。

いのちがなくなるかもしれない病を助けるためであるなら、賛成します。私自身も、娘を産む時帝王切開を選び、すばらしい医師と出会うことができました。でも、すべての手術がいのちに関係しているわけではありません。

整形や形成外科の手術は、社会との関係性によって生まれたものです。トランスジェンダーでＦＴＭ（女性から男性へ性を移したい人、または移した人）の友人がいますが、ホルモン剤投与の後遺症で、からだの不具合に苦しんでいます。

人間は本来自由でダイナミックな存在なのに、社会では画一化と管理が先行しています。その社会への抵抗として、トランスジェンダーという表現と意志があるのではないかと私は思っています。トランスジェンダーの方のカミングアウトで、この社会にさらなる多様性と自由が広がるのは、すばらしいことです。でもだからこそ、そのからだを傷つけてまで、この社会に迎合してほしくありません。

男性のからだで生まれて、女性であろうとする表現はどんどんしていいと思うし、またその反対も、じつに興味深いことです。でもその表現が、自分のからだを傷つけることではあってほしくない。私自身のつらくて苦しい体験から、切実にお伝えしたいことです。

曲がった足をまっすぐにしたほうがいい、と手術されて苦しんだ私のからだ。トランスジェンダーの方のからだからも、同じ声が聞こえてきます。私たち自身が、めざすべき社会は、私たちのからだのままで、男であれ女であれ、自由で心地よく生きられる社会です。

最近は、手術しなくちゃという焦りからも自由になって、自分のからだのままで、思いのままに自己表現する人の話もよく聞きます。

その人が決めることだからと言ってしまえば、それは無関心ということです。

もし余計なお世話と言われても、大切なご友人に伝えたいその思いを正直に、伝えてみてください。そしてできるなら、手術以外に、どんな表現ができるかを、お友だちとしていっぱい考えてみてください。

Q20 虐待されているペットを助ける方法は？

ペットが飼えるアパートに住んでいますが、隣の家のペットの声に心が痛みます。私も犬を飼っていますが、窓を開けると排泄物のにおいがするほどで、変な鳴き声もいつも気になっていました。先日、室内がちらっと見えた時は、犬が猿ぐつわをはめられていてショックでした。助けてあげたいのですが、どうしたらよいでしょうか。

（フラワー・一九歳・学生）

A20 遊歩 勇気をふりしぼって、行動を

動物が大好きなのに、苦しんでいる動物を見るのは本当につらいですよね。非常にむずかしいとは思いますが、大家さんと相談しながら、かわいがってくれる新しい飼い主を探せるといいですよね。

また、同じアパートに住む他の人たちがどう感じているかを聞いて、動かれ

るのはいかがでしょうか。あなただけが悩んでいるのではなく、同じ思いの人が何人もいるかもしれません。

お近くに動物愛護センターがあれば、届けるという方法もあるかもしれません。ただその場合は、動物愛護センターに余力があるかも問題です。

たぶんあなたは、まっすぐに飼い主さんと交渉した場合、その犬がさらにひどい目にあうことをおそれていらっしゃるのでしょう。人間も同様ですが、虐待している人を責めることは、解決にはならないことがほとんどです。だから動物の場合も、まずは引き離すことが重要です。

ペットの場合でも、あまりにひどい虐待なら、警察に通報できるケースもあると聞きました。その場合は、アニマルライツセンターにも、相談してみられるといいかもしれません。

アニマルライツセンターは、家畜や生きたまま毛皮にされる動物たち、そしてパフォーマンスのためだけに激しい調教を受ける動物が、いのちを尊重されて生きる権利を保障しようと動いている団体です。

隣人のペットの状況をきっかけに、ほかの動物がおかれている環境にも思いをはせていただければと思います。

ひとつひとつのいのちが、ほかのいのちにつながって、動物らしく生きる権利を少しでも改善できればと願っています。

あなた自身の勇気や行動に依拠することが大きい答えとなり、あまり具体的なお答えにはなりませんが、どうぞ勇気をふりしぼって、行動してみてください。

第3章 仕事・恋愛・健康

Q21 仕事に楽しさを求めてもよいですか？

仕事が楽しくありません。自分がやりたいことをしようとすると上司から阻止されます。職種は介護で、仕事自体は自分に向いていると感じています。もっとひとりひとりとゆっくりかかわりたい。質の高いケアをしたい。そういう思いが、スピード感を求める現場の中では迷惑になるようです。仕事に楽しさを求めるのはおかしいですか？

（シラサギ・三三歳・団体職員）

A21 遊歩 求める中に、出会いと学びがあります

介護の現場にいらっしゃるとのこと。私も障がいをもつ立場から、当事者として利用者として、現場をつくってきました。ゆっくり人とかかわって質の高いケアを提供したいというお気持ちは、すごくよくわかりますし、そう考えてくださること、とてもうれしいです。

ところで私からも質問がわいてきました。やりたいことができない職場の中を変えたいのか、それとも、新しい職場を探したいと思っていらっしゃるのか……。

ただ二度三度、ご質問を読むうちに、今の職場を離れてみるのもよいのかな、楽しく働ける場所がほかにあったら、新しい職場で冒険、挑戦なさるのも、よいのかなと思いました。ここではその方向で、お答えしますね。

自分が楽しく働ける現場を本気でつくりたいのなら、ご自身が経営にもかかわるかたちで、職場をつくり出すことは可能です。

楽しく働ける介護の現場は、全国にいくつもあります。

たとえば富山には「このゆびとーまれ」という事業所があります。年齢や障がいの別を超えた民営のデイケアハウスで、一九九三年にスタートし、「富山型デイサービス」のモデルになったところです。全国からたくさんの人が研修に来ています。

ほかにもご自身の理想に近い事業所が見つかれば、思い切って住み込みで実習させてもらい、気に入ったらそこに就職してもいいし、アドバイスをいただいて自分で事業所を立ち上げるのも、いいと思います。

求める心次第で、出会いの場は必ずや拓けます。どうぞ、楽しく介護をしている場所を求めてください。求めていく中で、出会いと学びを得ることができるでしょう。仕事の中に楽しさを得る可能性はあなたの前に、無限に広がっています。

Q22

子どもをつよく叱ってもよいのでしょうか？

研修先の保育園で、一歳の子どもをつよく叱ったり、牛乳をいやがる子に、全部飲むまで席を立たせなかったりすることがありました。子どもがかわいそうと思ってしまうのですが、そういう時はどうしたらよいでしょうか。

（さくらんぼ・三〇代・アルバイト）

A22

遊歩

にこやかに、異論を伝えてみましょう

子どもをめぐる状況の過酷さに、胸が痛みます。

私は、自分で感じ、自分で考え、自分で決めて行動できる子になってほしいと思って子育てをしてきました。

大人の考えや、やり方をおしつけることはしませんでした。常識的には、叱らなければならない場面でも、いつも「お願い」というかたちで、自分の気持

ちを伝えてきました。

たとえば食事の時間に、娘が「ごはん食べたくない」と言います。彼女のからだがそう言っているのだから仕方がないなあ、と思いながら、少しは食べてほしいし、テーブルの上がいつまでも片付かなくて、片付け好きの私としては落ち着かない。そういう時は「宇宙ちゃん、ちょっとだけ食べて。テーブルの上を片付けたいんだけど、いいかな」とか、「お願いなんだけど、そうしてもらえないかな」などと、〇歳の時から言葉を尽くして伝えてきました。

子どもにとっては、すべてが好奇心の対象です。子どもは実験が大好きなので、たとえば私の娘は、ごはんにヨーグルトをかけるとおいしいことを発見してから、ごはんをよく食べてくれるようになりました。

たとえ相手のことをどんなに思っているとしても、食べることや飲むことを強制するのは、暴力です。もし言える状況でしたら、やさしく、ニコニコと、「その言い方は暴力的ではないでしょうか?」と伝えてください。

子どもを叱る大人たちは、深刻な顔で怒ります。そこへ、まるで楽しいことを話しているかのように、やさしくにこやかに異を挟むと、まわりは「え?」という顔になります。批判されていることに気づくまでに、ちょっとだけタイムラグができます。その言い方だけで一〇人に一人くらいは、暴力的な物言いがおさまる時があります。

深刻なことに深刻な顔つきで返しては、うまくいきません。でもこれを実行するには、トレーニングと、自分へのゆるぎない信頼が必要です。

本人に直接言えない場合は、上の立場の人、ご質問のケースでは上司や役所の管轄部署に電話で伝えることも、できることのひとつでしょう。

あまりにも間違った子どもへの対応には、少しでも介入して、子どもの主体性を大切にし、人間性を守っていきましょう。

Q
23

長時間労働の職場を離れました。辞めてよかったのでしょうか？

七年勤めた福祉系のNPOを退職しました。共感できる理念があり、熱い仲間がいる職場でした。ただ仕事にやりがいを感じていただけに、みんなが長時間労働で、有休や定時退社という概念はなく、そういう主張をすると「主体性のない人」と見なされました。当時は、そうした働き方に疑問をもつこともできず、気づいた時には疲れ果てていました。今でも、辞める以外に道はなかったのか、また組織としてどうあるべきだったんだろう、と、ことあるごとに考えてしまいます。

（バンブー・三三歳・団体職員）

A
23

遊歩

自分の居心地のよさを、いちばんに

あなたにとって主体性のない人とは、どういう人のことでしょうか。私はあなたこそ、主体性のある方だと思います。疲れ果てて辞めたというご自身への否定的まなざしではなく、主体性があったからこそ辞められた、と考えられてはいかがでしょうか。

企業中心社会では、多くの人が自分の考えを声にできず、黙り込むことを強いられます。

私の友人で、希望する会社に就職した方がいます。その会社は週休が一日でした。仕事内容はいいのに、働き方は自分が求めているものと違うと感じた友人は、面接で「週休二日でなければ働けません」と正直に言いました。彼女は入社し、自分だけは週休二日を守り、仕事を続けています。

ほかの友人から、すっぴんで出社すると「社会人なら化粧くらいするべき」とまわりに非難される、という相談を受けたこともあります。企業社会には化粧をしない自由もないのか、と驚きましたが、私は友人の話を聞き続け、励ましました。その後、彼女は、化粧をしない自由を会社で獲得することができました。

私は企業に属したことがなく、企業社会のことはまわりから聞く話しか知りません。しかし想像するに、会社全体を変えようとするよりは、自分にとって居心地のいい働き方を自ら実現することから、始められるとよいかと思います。

一年や二年では、企業社会の体質は変わらないでしょう。でも、ことあるごとに自分の思いや、考え方を伝えることさえ続ければ、ほかの人も、自分のペースを知るような動きが出てくるかもしれません。

主体性とは、自分のいのちを十分にいきいきと生きるために、本来だれもがもっている力です。そしてこの主体性を保つには、自分を大事にするところから出発しなければなりません。しかしそのことが、私たちの共通理解になっていません。理解しないどころか、「あの人は特別。私にはできない」と、主体性をすぐにあきらめてしまいます。多くの人が、自分が特別扱いされることを極度におそれていますよね。

自分の主張を言い続けて、たとえば給料を減らすなどと言われたら、ほかの仕事を探すことも現実的なオプションだと思います。そういう点から見ても、あなたの決断は主体性をあきらめなかった結果と言えるでしょう。

まず自分の居心地のよさを、どんな場所でもつくり出すよう努力していきましょう。長時間労働を強いられても、からだが無理と言ったら帰宅する。勇気ある人とほめられても、バカな人、特別な人だと排除されても、主体性を守りぬく行動が、私たちに求められていると思います。

何を言われようとも自分はこういう働き方がしたいんだ、と主張し続けること。それが、社会を変えることであり、多様性を尊重する社会をつくることだと、あなたがいちばん知っていらっしゃると思います。

A23 宇宙 自分も相手も大切にできるような働き方ができたら

ご質問を読んで最初に感じたのは、「主体性ってなんだろう」ということでした。

私にとっての主体性とは、自分の人生が自分のものであると意識して、動けることだと思っています。だから有休を取ったり、残業をしないことは、自分が生きていく上で大切だと判断して行うことなら、それこそ主体性そのものなのではないかなと思いました。

でも、組織の中での主体性は、責任をもって自ら組織のために動くということなのでしょうね。それで、からだも心も追いつめられてしまっては、たいへんです。

人も足りないから休めないと感じる、休むと冷たい人と見られる、などというような理由があるのだと思います。けれど、自分のからだと心を大切にするのは、長い目で見て、自分にとってもまわりにとっても、とても有益なことだと思います。まわりとは違う意見を言ったり、違う行動をとるのは、精神的に疲れることですが、組織としての主体性ではなくて、自分自身の人生に対しての主体性を、考えてみてはどうでしょうか。

私は組織よりも、人間ひとりひとりが大切だと思います。ただ福祉系の仕事の場合、ケアする対象の人がいて、だれかが二四時間、その人に付き添わないといけない場合もあるので、人手がなければ休めない状況になってしまいます。

でも人をケアする仕事の人こそ、自分もケアしないと、いつかは疲れてしまいます。

福祉系の仕事は、長時間労働、重労働のケースが多いので、敬遠しがちな人も多いのではないでしょうか。でも、ご質問にもあるように、やりがいも大きい仕事だと思います。だからこそ、もっと多くの人が気軽に近づける現場になればいいなと、常々思っています。そのためにも、自分のからだを犠牲にするのではなく、自分も相手も大切にできるような働き方を、模索したいですね。

自分を大切にして働ける仕事だということが広まって人手が増えれば、長時間労働を強要される状況が、改善されるのではないかなと思います。人手不足の中で自分を大切にするのは本当にたいへんですが、そうした前例をつくっていけば、福祉の仕事が敬遠されることも減っていくのではないでしょうか。

今までおひとりで背負い込んでこられたのかもしれませんが、こういうふうに質問してくださったのはとてもうれしいですし、質問者さんと同じように感じている人は多数いると思います。私もこれから福祉の現場にかかわる仕事をしたいと思っています。福祉の現場の中で自分をどう大切にできるのか、共に考えていきたいです。

Q24 障がいのある自分。恋愛に前向きになるには？

私は、車いすで言語障がいがあります。恋愛に興味がありますが、どうしても前向きになれません。障がいをもっていない友人は、どんどん彼氏ができて、結婚して子どもがいる人もいます。大好きな人はいましたが、お付き合いしたことはありません。気になる人がいても、前に好きだった人と比べてしまいます。そんな自分が嫌いだし、恋してる自分も嫌いです。こんな私に、彼氏ができるのでしょうか？

（えびふらい・一九歳・学生）

A24 遊歩 恋する気持ちは本来、素敵なこと

恋している自分が嫌い、と書かれていたことが、気になりました。人を好きになってわくわくしたり、その人を見た時、声を聞いた時、どきどきしてうれしくなったり……。恋をして幸せな時もありますよね。

恋をすることは、そうした幸せな気持ちをいっぱい感じていいよ、ということです。でも社会は、恋をしたらその相手とお付き合いして結婚するように、恋の結果を出すように責め立ててくるので、その幸せな気持ちを味わうことが、今の社会ではなかなかできません。

恋する気持ちは、時にせつなく苦しいけれど、人とつながっていこうとする時、心の中にわきおこる、きわめて人間的な、幸せな感情です。

そのことに気づくと同時に、自分のからだに対する否定感から自由になってほしいと思います。

全身が映る鏡をもっていますか。鏡に映る自分の姿を何度も何度も見て、つらい気持ちになったらたくさん泣いてください。そして泣きながら、よく生きてきたね、と自分をほめてください。ほめて、泣いて泣いて、ほめて、あなたが自分のからだに感謝できるまで、それを繰り返してください。ひとりでやるだけでなく、大事な友だちにも、鏡の前で言ってもらってください。そうしたら、もっともっといろんな気持ちが感じられるでしょう。

自分がこれまで生きてきたこと、今生きていることをあなた自身が認めてあげられたら、恋する相手が存在してくれることへの感謝が、あなたの中に生まれてくるでしょう。その後は、伝え方を考えて、たくさんの冒険とチャレンジをしてみましょう。

お伝えしたいのは、自分が恋している気持ちまでも、否定してしまわないで、ということです。結果至上主義に陥らないで、恋する気持ちは恋する気持ちとして、いっぱい楽しんでください。

失恋をおそれず、その気持ちを伝え続け、何度もトライしてください。そして失恋の原因を、障がいのあるからだだけのせいにしない自分に気づいたころ、素敵な恋人ができていることでしょう。

A24 宇宙 人を好きになる気持ちを、楽しめたら

私も彼氏がいません。だから、そのことについて不安になったり焦ったりする気持ち、わかります。とくに、障がいをもっていると、女性として見られないのではないかとか、思いますよね。私も、結構最近まですごくそう思っていました。だから、女性らしく見られたいと思って、ちょっと露出度の高い服を

好んで着ていたこともありました。

でも、そういうことをして注目されても、その瞬間わくわくしたり、満たされるような感覚になっても、それは幻想のようなものなのだと、気づきました。女性として魅力的に思われないのではないかとか、そんな不安を抱えているのは、じつは、障がいをもっている私たちだけではないようなのです。

恋愛も、いろんな人間関係の中のひとつの形です。女性として魅力があるかどうかも、恋愛の中の要素のひとつです。

心から人を好きになる時、大切なのはその人がどんな「人」なのか、だと思います。

そして、どうして彼氏がほしいのかと考えてみると、「まわりのみんなにも彼氏がいるから私もほしい」とか、「寂しいからだれかそばにいてほしい」という気持ちもありますよね。つまり、だれかを好きになる気持ちの中には、「自分だけひとりで寂しい」とか「寂しい気持ちをだれかに埋めてほしい」という気持ちが含まれていることもあります。それが悪いことではないけれど、うまくいかなくなると、好きであること自体が楽しめないと思うのです。

当たり前ですが、だれにでも恋に落ちるわけではありません。好き、と思える人に出会えること自体、特別なことだと思います。私はだれかを好きになった時のわくわくが大好きです。そして、こんなに人を好きだって思える自分が楽しい、と思います。

それって恋に恋しているのでは？　とか、心の中で自分につっこむこともあるけれど、好き、というわくわくを感じるのは、楽しいからそれでいいのかなって思います。

もしかしたら私たちは、彼氏ができる確率は、ほかの人より少ないのかなと思う時もあります。だからこそ、人を好きになる気持ちをたくさん楽しみたいですよね。近づいていきたい気持ちがあったら、待たないでもいいと思います。うまくいけばいくし、うまくいかなかったとしても、また素敵な人がきっとあらわれると思っています。

Q25 遠恋中の彼と、信頼を保つには？

遠距離恋愛中で、彼とはたまにしか会えません。お互いの事情で当面一緒に暮らすのは無理だとわかっているのに、「負担になりたくないから別れましょうか」と言ってしまいました。彼はいい人で、そんなことないよと言ってくれましたが、同じようなやりとりを繰り返しているうちに彼も不安をもってきたようです。関係を続けていくために、どう付き合っていけばよいでしょうか。

（アップルスコーン・三〇代・会社員）

A25 遊歩 甘えの婉曲表現は避けましょう

彼が誠実な人でよかったですね。恋愛中の多くの不安は、相手に対してではなく、小さい時の家族関係からきているようです。

大好きなお父さんやお母さんが仕事に出かけてしまう時、自分が学校に行かなければならない時、学校で仲のよい友だちと離れなければならない時など、たくさんの出会いと別れを繰り返しながら、私たちは、いっぱい泣いたり、悲しんだりしてきたものです。ただ、核家族化が進み、孤立や孤独が当たり前になる社会の中で、ひとつひとつの別れに際して悲しんではならないとか、悲しみを感じないことが大人なのだというメッセージを聞かされ続けてきました。

しかし私たちはみんな、からだは大人になったとしても、自分の心の奥に小さな子どもを抱えながら、生きています。安心できる親しい関係の中では、その小さな子どもがどんどん出てしまうのです。

「自分の不安をぶつけてしまってごめんなさい、本当は別れたいなんて思っていないの」と、言葉に出してあやまることがまず大切でしょう。

そして、不安をぶつけてしまう自分の中の小さな自分自身を、彼に抱きしめてもらおうとするのではなく、あなたご自身で抱きしめてあげてください。

彼にも、彼の中の小さな子どもがいるわけですから、彼に二人分抱きしめてもらおうとするのは、むずかしいわけです。

男性は男性で、弱みを見せてはいけないと言われて育ってきていますから、見栄をはったり、動じないふりをしています。あなたのように不安をぶつけてくる人に対しては、遠ざかるしかないのかなと、彼も不安になることもあるでしょう。

彼と大人の関係を築きたいなら、「負担なら別れましょうか」などという本当の願いの裏返し、つまり甘えの婉曲表現は、避けましょう。率直に「いつかは一緒に暮らしたいわ」と切り出して、その時にはどんなふうに暮らしましょうか、といったポジティブで正直な思いを伝えていきましょう。

甘えたいという小さい子どもの部分は、ほかのところで解放してみましょう。たとえば自然の中で、あるいは仲のいいお友だちとの恋愛自慢の中で、「すぐにも一緒に暮らしたい！　できなければ別れる！」と叫んでみてはどうでしょうか。お友だちも当事者ではありませんから、深刻に受け止めず、笑って聞いてくれるでしょう。

彼には、あなたといれば私が元気で、一緒にいる時間を楽しんでいることを伝え続けてください。彼とのいい関係は、長く続いていくことでしょう。

Q 26 恋愛感情をもたない自分はおかしいですか？

娘を出産直後に夫が事故で他界しました。それから「自分がしっかりしなくては」と生活し、娘は一七歳になりました。私はやりがいのある仕事に就き、まわりの方にも恵まれ、充実した人生を送っています。ただ、夫が亡くなってからだれかに恋愛感情を抱くことがほとんどなく、それを不自然とも思いません。喪の過程はひとつひとつ進め、夫は自分の中の〝特別な温かい場所〟にいると思っていますが、最近、「（恋愛感情をもたない）自分には重大な何かが欠けているのでは？」という考えが浮かぶようになりました。今後どのように歩んでいけばよいか、アドバイスをお願いします。

（おがわ・四五歳・嘱託職員）

A 26 遊歩 幸福のあり方は、多様でいいのです

お子さんを産んですぐにお連れ合いを亡くされたとのこと、その時の悲しみやがんばりは、いかばかりのものであったろう、とお察しし、心から尊敬の気持ちがわいてきました。

この社会はシングルマザーに、政治的には公平性がまったくなく、まわりの人びとのまなざしも時には非常にきびしいものです。

お子さんが小さいころには、どれほどの奮闘があったことでしょう。いわゆる女手ひとつでここまでこられたことに、何度も何度も自分をほめて、自分に感謝してください。

私はむしろ、そんな充実感をもっておられる方でさえ、何か足りないものがあるはずだと責め立てられるように感じるこの社会に愕然とします。ここでは、そうした考えがなぜ出てくるのかについて、考えてみたいと思います。

私たちは毎日毎日幸せになりたくて、なろうとして生きています。それは憲法第一三条でも保障されている幸福追求権として、当たり前のことです。

しかし、私たちの住む社会では、多様であってもいいはずの幸福のありようが、画一化され、規定されていることも残念ながら事実です。

お悩みを読んで、強制異性愛社会という言葉がすぐに思い浮かびました。男と女は恋愛するのが当然、という圧力下にある社会のことです。その恋愛観のみでお答えすれば、結婚相談所に行ってみるのはどうでしょうか、という回答になってしまうかもしれません。

しかし恋愛は、本来自由なものです。強制異性愛社会の対語は、自由恋愛社会と言えるでしょう。自分の本当の幸福を追求する過程で、人に出会い、その人とのつながりから充足感を得ることもあります。つまり本当の自由な恋愛には、もっと広い意味での愛があるはずだと思うのです。

娘さんとご自身の生活に不安がないのであれば、どうぞその安定や幸せを、あの時のご自分のような方たちに、ぜひ分けてあげてください。あのつらい時代を生き抜いた知恵や、人との関係を、大いに分かち合ってほしいと思います。シングルマザーたちの自助グループとか、シェルターでのボランティア活動など、いろいろなことができるでしょう。

苦しみ、追いつめられているさまざまな状況にいる方たちと、ご自身の幸福――充実感やあきらめない心――を分かち合う中で、また新たな、思いがけないすばらしい出会いがあるのではないでしょうか。

Q27 彼女の手荒れによい治療法は？

彼女の手荒れがひどく、悩んでいます。一年前は人さし指だけでしたが、三カ月くらい前に、中指から小指まで広がりました。皮膚科の薬も効きません。彼女は飲食店でアルバイトをしていて、食器を洗う時はゴム手袋を使っています。血が出ていることもあり、夜寝る時にラップを巻いてあげることもありましたが、面倒で続きませんでした。できるだけ自然な療法で対処法があれば、おしえてください。

（スロー人・二一歳・学生）

A27

遊歩

肌荒れも我慢しないで

私は、自分の骨がもろかったので、自分のからだは自分でみるという習慣をつけてきました。その中で学んだことは、自分のからだのつらい部分に、とにかく注目してあげることが大切ということです。肌荒れくらい気にしないで、とか、痛いのは我慢しろ、などと言われて、自分でもそうかなと思って放っておけばおくほど、血が出てきたり、症状が広がっていくことは、私も経験があるのでよくわかります。

肌の荒れや、からだの痛みは、からだが助けてほしいと言っている、からだからのサインです。すぐに肌荒れや痛みを取り去ろうとするよりは、とにかくからだと向き合うこと。肌荒れがつらければつらいと言っていいし、痛い時は痛いとまず感じること。そしてからだに注目してあげて、その次にどうしたらいいかを考えてきました。

質問者さんは、ご自分のことではなく、彼女のことを相談していらっしゃるわけですから、彼女の手としては、注目を二倍もらえていることになりますね。さらに彼女自身が調べて、実践しようとするなら、回復は早いと思います。

私は、肌荒れの時には、はとむぎ茶、びわ茶、どくだみ茶などをよく飲むようにしてきました。大事なことは、からだはすべて、食べものと大気と水からつくられている、と意識することです。それらのありようも考えてみることは、おすすめです。

Q28 ベジタリアンになれますか？

屠殺《とさつ》される動物の苦しみや、世界的な経済格差を知り、肉食に疑問をもちました。でも肉が大好きで、つい食べてしまいます。友だちと外食するのも楽しいし、お弁当をつくる時もお肉は調理が簡単。ただ食べた後で、いやな気持ちになることも確かです。問題を知らなかった時に戻ることもできない……でも、ベジタリアンにもなれません。いつも疑問を抱えて食事をするのもつらいです。どうしたらよいでしょうか。

（亜麻の実・四五歳・会社員）

A28

遊歩

いやな気持ちにも耳をすまして

ミート・フリー・マンデー（月曜日はお肉をやめよう）というキャンペーンをご存じでしょうか。ビートルズだったポール・マッカートニーが提唱しています。

彼はある日、自分の農場で、生まれたばかりの子羊たちが楽しそうに遊んでいるのをほほえましく見ていました。その日の食事はラム肉でした。農場の子羊たちと、食卓の上のラム肉が彼の中でつながりました。子羊たちも毎日を楽しんでいる、自分たちは彼らの死体を食べている。そのことについて家族で話し合い、そしてポールは肉を食べるのをやめよう、と決めたそうです。

彼が制作した、肉食と環境問題に関するフィルムがユーチューブに上がっているので、見てください。[1]

私たちは非常に、柔軟性をもっています。さまざまな状況に思いをはせて、自分にとっても人にとっても、そして人間以外の生きものにとっても、よい方向をめざすことができます。

おっしゃるとおり、肉を食べる前と、食べた後の気持ちの違いを感じ続けるのは、つらいことです。でもそれは、ほかの生物からの叫びを聞き取ろうとする、からだの声なのです。

私たちの社会は、いやな気持ちを感じないことが、正しいとされています。しかし、人の苦しみや、自分以外の動物の苦しみを自分のものとして感じるために、いやな気持ちにも耳をすまし、向き合ってみることも、大切なことです。

問題は、動物がかわいそう、というだけではありません。飼料に使われる遺伝子組み換え作物、農薬や放射性物質など化学物質の生物濃縮によっても、動物たちのいのちが、冒《おか》されています。

当然ながらそれを食べる人間の健康も、脅かされています。肉食の場合の心臓病、糖尿病、認知症のリスクは肉を食べない人の約二倍、大腸がんのリスクは八・三倍とも言われています。[2]

からだによくない習慣をやめようとする時は、何もいっぺんにやめなくてもよいのです。「やめたい」と思うことが大事なのです。そして悩み続ける自分を否定しないことが、肉をやめることへの早道であると考えます。

自分の気が弱いとか、自分の選択なのだから仕方がないと、自分を責めるだけで終わらせないでほしいな、と思います。基本的に悩みというのは、自分に責任を転嫁することで、解決したような気持ちになるものです。

しかし、この食べものの選択は、自分ひとりだけの問題ではありません。食糧問題に関しては、リーフレットや書籍、インターネットでもさまざまにレポートされています。ぜひ調べてみてください。

調べながら、いやな気持ちにもなるでしょう。でもそのいやな気持ちと闘いながら現実を知っていくうちに、週に二度買っていたお肉が、週に一度となるかもしれません。

最後に、私のエピソードをひとつ。私も、牛乳もやめ、バターを買うのもやめていましたが、チーズだけはたまに購入していました。ところがビーガンの友だちから「一キロのチーズをつくるのに、一〇キロの牛乳を使うんだよ。知ってた？」と言われ、その一言で、次の外食では豆乳チーズのグラタンを出すお店を探しあてました。チーズを買うのは一切やめました。

チーズばなれをするまでに、三〇年はかかっています。友だちの一言がなかったら、今でも「チーズだけはいいか」と思っていたと思います。

牛のお母さんたちの、あまりに悲惨な現実があります。乳牛は、お乳の量が減る生後五、六年目で屠殺され、肉用にされます。品種改変された乳量の多い牛は、乳房炎などさまざまな病気にかかります。[3] ご自分でも、調べてみてください。

ぜひ、ゆっくりとでも、肉食をやめていく仲間になってくれたらうれしいです。私たちには仲間が必要です。すべてのいのちと、手を取り合って生きましょう。

A28 宇宙 おいしい代替食品はたくさんあります

私は育った家庭がベジタリアンだったので、子どものころは、逆にお肉に対しての興味がありました。だから一五歳くらいまで、外でごはんを食べる時は、お肉を食べることもありました。

でもやはり、殺されるためにいる動物を食べるということ、自分のからだや環境への負担などを考えて、ベジタリアンになることを決めました。

それでも、その後の数年間は、たまにお肉がおいしそうに見えてしまい、お肉を口にすることもありました。

だけど、お肉を食べない期間が長くなればなるほど、食べた後、生臭さと生きものの感触が口とからだに残り、後悔することを繰り返しました。

三年前、豚のお料理を食べた時には、飲み込んだ後でからだの血管の中を豚さんが駆け巡ってバタバタしているような感じがして、とても悲しい気持ちになりました。
それ以来、ゆるゆるなベジタリアンはやめようと思い、ビーガンになりました。

そして、先ほど書いたように、長い間お肉を口にしていないと、私にとってお肉は、おいしくすらないことに気づきました。ですが、お肉の代わりとしてつくられたお肉ふうの大豆や、雑穀などいろいろ工夫された食品があって、それはとてもやさしい味で、おいしく感じます。

知り合いから、「ベジタリアンになったのに、お肉のような味を求めるのは、変だと思う」と言われたことがあります。

ベジタリアンになるには、ひとりひとり違う理由があると思います。お肉が最初から好きではなくて食べない人、そして、質問者さんのように、お肉の背景を知って、疑問に思いベジタリアンになる人。

後者のような理由でベジタリアンになる時、大豆のような代替食品は、その問題点を取り除き、お肉と同じような味を提供してくれるということで、私はとてもいいものだと思っています。

お肉の味が好きなことは、もちろん悪いことではないです。

でも、それを理由にベジタリアンになるのをあきらめないでほしいです。ベジタリアンになっても、じつは食生活の幅をリミットしなくていいのです。

そういう意味で、日本は世界の中でいちばんと言っていいほど、お豆腐などの大豆製品やお麩など、お肉の代わりに使える食品が多いので、ベジタリアンになりやすい国だと思います。

ぜひ、お肉と同じような味で、さらにおいしいお肉の代わりにつくられたお料理を試してみてください。

注

1 'One Day a Week' feat. the McCartney family, Woody Harrelson and Emma Stone, https://www.youtube.com/watch?time_continue=16&v=ulVFWJqXNg0

2 アニマルライツセンター「ミートフリーマンデー／お肉を減らす4つの理由」http://www.arcj.org/download/leaflet/leaflet_eco.html

3 アニマルライツセンター「乳牛の一生」http://www.hopeforanimals.org/dairy-cow/227/

Q29
剥離骨折に手術は必要？

登山をしていて足を滑らせ、脇の下から肩甲骨に激痛が走りました。その後、二週間痛みがとれず、整形外科で受診したら剥離骨折と診断されました。手術すれば早くきちんと治るでしょう、と言われて手術日の予約までしましたが、ふと遊歩さんが手術をしないと言っていたことを思い出しました。手術すべきか、判断しかねています。

（MKG・四〇代・大学職員）

A29

遊歩

骨折を二〇回以上した私の結論

よくぞ聞いてくださいました。私は二〇回以上骨折し、八回の手術を施されました。しかし結論として、骨折に手術は必要ないという確信をもっています。とくに剥離骨折の場合は、手術の必要性が私には理解できません。

野生の動物たちは、複雑骨折しても、じっと動かず安静を保って回復を待ちます。

私の娘も一五回くらい骨折しています。はじめは病院に連れていっていましたが、ある時、骨折している箇所をひどく動かされ、さらに痛みが激しくなりました。以来「二度と病院には行きたくない」と言われました。

私も子どものころ、娘とまったく同じ気持ちでした。しかし私の母は、私のいのちをとにかく助けたい一心だったと今はわかりますが、西洋医学に追従し、私は病院に連れていかれ続けました。

娘が生まれて、私と同じように骨がもろい彼女の自己選択と自己決定を極力尊重しようと思い、育ててきました。手術は、彼女自身の決断で、これまで一度もしていません。

骨折は痛い。それは間違いありません。しかし、骨折以上に痛いのは、手術です。その痛みは、身体的苦痛のみならず、さまざまな精神的苦痛を伴います。時に横柄で傲慢な医療者との応対や、全身麻酔、鎮痛剤の大量投与など、自分のからだの感性を麻痺させるような医療のあり方。いのちにとって、真実の対応とは思えないようなことが、多々あります。

自分のからだに意識を向けることを、日々心がけてみてください。

近代西洋医学に依存する社会に流されることなく、湯治や、民間療法などを使ってみることもひとつの方法です。ご自分のからだと対話し続けてください。少しずつでもいいのです。自分のからだへの感性を培い、自分のからだに対する信頼を取り戻すこと。それが骨折快癒への早道であると、私のからだは教え続けてくれています。

A29 宇宙 手術が必要かどうか、ゆっくり考えてください

私は一二歳の時に、手術日も決まり麻酔の種類まで決めたほど、すべて手術の段取りがついていたのに、最後の最後になって、やはり手術はしたくない、とやめたことがありました。

その時は、骨折もしておらず、わざわざ骨を切って、そこに棒を入れて骨を強くするという手術だったのですが、私はやらなくてよかった、と今でも思っています。実際に私の場合は、その手術をしなくても、その後骨折していません。

人によりますが、骨折した傷より、手術の傷のほうが、その後も痛みが残っ

たりします。とくに冷える日に痛くなったりするのです。

私は骨折したら、三カ月ほど痛みが取れません。でも三カ月たって骨がくっついた後は、寒い日に骨が痛むようなことは、今まで経験したことはありません。痛みが長く続くと、不安になるかもしれませんが、からだは賢いので、治る方向に少しずつでも進んでいっているのだと思います。

私は痛い時は我慢せずに、「痛い痛い」と言っていました。まわりの人に気を遣う場合は、ひとりの時間にでも、「痛い痛い」と口に出してしまうことで、少し痛みが和らぐこともあります。痛みを我慢しないのがいいと思います。

ご自分のからだとゆっくり相談して、手術が必要かどうか、最善の道を選べますように。

Q30 おすすめの精神療養施設はありますか？

精神科の薬剤を長期間、多種類、服用されていた娘さんと、ご両親から相談を受けています。娘さんには服用当初にはなかった、幻聴、アカシジア（静座不能症）、不眠、興奮などの悪化症状があらわれ、断薬後五年たった今も苦しんでいます。ご両親と娘さんの三人で暮らしておられますが、娘さんが時として暴言、暴力をふるうこともあるそうです。ご両親も高齢になり、ご家族だけでは限界にきています。いい療養施設のようなものはありますか？

（ルナ・五〇歳・元薬剤師）

A30 遊歩「あなたが自分自身の手で探せるんだよ」と伝えて

いずれも療養施設とは紹介されていませんが、以下の三つは、私が自分自身で訪問したところです。

北海道の浦河町にある、「べてるの家」をご存じでしょうか。ここは、当事者同士がピア（仲間）となって、お互いをサポートし合う場所です。生活の形態はグループホームやひとり暮らしなどいろいろで、自分のありようを否定することなくそのまま認めて、当事者同士が助け合いながら暮らしています。たくさん本も出ているので、一度読んでみてください。

また、富士山の麓にある「木の花ファミリー」をご存じでしょうか。ごはんのおいしさにとても感動しました。ほぼ一〇〇パーセント食べものを自給していて、一〇〇人近い人々が暮らしています。そこの生活を気に入った人がメンバーとなっているのですが、ケア滞在を希望する人には、自然療法プログラムも提供されているようです。

また埼玉に、「おにっこハウス」というNPO法人があります。ここでは、多様な個性をもつ仲間たちが、味噌づくりや養鶏を中心に集まり、働くことを通してお互いにサポートし合い、いきいきと生活しています。グループホームに入所し、そこから味噌づくりや、カフェなどの仕事に少しずつかかわっていくということも、不可能ではないと思います。ケア滞在のプログラムはないので、娘さんが自分でどんなふうに生活したいか、展望をもたないとむずかしい場所かもしれませんが、さまざまな場所を見て歩かれたらいいのではないでしょうか。

以上三つをご紹介しましたが、問題は娘さんが、ご高齢の親御さんの庇護なくして生活できないという状況だと思われます。断薬をしてもからだが回復しないことの中には、お互いへの精神的な依存もあるのではないでしょうか。

質問者さんが療養施設を紹介するというよりは、娘さんが自分で親元を離れて暮らしてみよう、と、まずは思えるように、エンパワメントするのが重要です。そしてもし、前述した場所を娘さんが訪ねたいと思われたら、ご自身で検索し、自ら電話をかけるなりお手紙を出すなりしてみてくださいね、と、質問者さんが娘さんに話をしてください。

自分にとってどんな状況が楽なのかは、本人にしかわかりません。情報は提供するけれど、あなたが自分自身の手で探せるんだよ、という立場で、そばにいることが大切です。

私たちはともすると、主体的であってほしいと願いながら、その主体性を根こそぎ奪ってしまうことが、多々あります。もし親御さんがいっぱいいっぱいなら、親御さんに対して、娘さんと離れて暮らす時間をとってもいいのですよ、とお伝えすることも、よいかと思います。

また慎重であることは必要ですが、ご両親の心配が、質問者さんに移りませんように。娘さんを信頼する立場で、お付き合いを続けてください。

Q31

住宅扶助を受けています。車の所持は認められませんか？

仕事をしていますが生活がきびしいので、役所の生活保護課に相談に行きました。住宅扶助のみ受理されましたが、車を手放さなければならないと言われ、役所に何度も呼び出されます。でも車がないと、職種上、仕事もできなくなり、家賃扶助だけでは足りなくなってしまいます。車をもっていてはいけないのでしょうか。

（アンダンテ・七〇代・自営業）

A31

遊歩

生活保護手帳の該当箇所を提示してもらいましょう

まず質問者さんが、生活がきびしいから生活保護を受給しようと考えられたこと、すばらしい権利意識だと思います。

生活保護課は、生活保護手帳というマニュアルによって仕事をしています。

何度言っても質問者さんの状況を理解してくれないのであれば、生活保護手帳の何条に、いつまでに車を手放さなければならないと書いてあるか、見せてほしいと言ってみてください。

また自宅に来る時は、ケースワーカーがひとりで来るのか、何人で来るのかを聞いておきましょう。もし質問者さんがひとりであれば、友人にお願いして同席してもらいましょう。先方が数名であれば、質問者さんも人数を集めて話を聞くことは、重要です。

さらに、大きな声で主張するのは、状況によっては必要な戦略だと思います。暴言を吐くのではなく、たとえば「ひどいじゃないですか」という言葉をいろんな声の調子や表情で言ってみてください。切羽つまって大きな声で言うほうが、小さな声でぶつぶつと言うよりも効果的でしょう。

あまりに何を言っても変わらない態度なら、それはもう明確な差別ですから、ケースワーカーの上司に直接訴えることもできます。それも無理なら、弁護士の力を借りるのも有効です。

生活保護課の理念が、受給者の人生をよくするためではなく、ひとりでも受給者を減らすように仕事をすること、と言われている社会ですから、これは、質問者さんだけの問題ではまったくありません。生活保護をとることは権利であって、恥ずかしいことや迷惑なことではないのです。

生活保護は、基本的人権の尊重をうたう日本国憲法の実践編です。生活がきびしくなったら、きちんと生活保護を申請すること。申請してよいのだと知っていること、それを行動に移すこと。そうすることで人々はお互いのいのちを尊重し、みんなが生きやすい社会に近づくことでしょう。

堂々と生活保護を受給して、仕事も楽しみながら、状況をチャレンジに変えて、新しい人生を生きていこうとしている質問者さんは、すばらしいモデルです。

Q32

予防接種はどう選べばいいですか？

出産後、予防接種のことで悩んでいます。六カ月までに一五回と言われ、驚きました。保健師さんにはきちんと打ったほうがいいですよ、と言われます。遊歩さんはどうやって選びましたか？

（新米ママ・二九歳・育児休暇中）

A32

遊歩

あなたがいちばんプロフェッショナルです

私たちは、子どもたちに、すこやかに生きてほしいと心の底から願っています。この社会は、その気持ちに乗じて、いろんなあやしいものや危ないものを子どもたちにおしつけているとしか、私には思えません。直感をはたらかせて子どもを守ろうとしているご質問、うれしく思います。

私は、娘にはポリオの生ワクチンだけ接種しました。小学校高学年になってから、三種混合を二種にして一度打った記憶があります。

私は、からだに対するさまざまな医療介入で苦しんできたので、娘には、よく調べて、よく考えて、余計なものは使わないようにしてきました。

どんなに保健師さんに予防接種を勧められても、「ありがとうございます、自分で考えて決めますから。大丈夫ですからね」と答えたので、いつの間にか何も言われなくなりました。

子どものいのちがすこやかであるために、質問者さんが選択して、決定できる力があるのです。

私は、ひとりひとりがこの強力な医療信仰社会から抜け出すことが、どんなに困難かもよく知っています。だからこそ、打つ、打たないどちらの答えであっても、ひとつひとつを納得いくまで調べ、まわりの方々にも聞いてみてください。

自分で判断するのがむずかしいと感じたら、文末に挙げる文献を参考にしてみてください。

いのちとは、ものすごくダイナミックで、多様性に満ちたものです。にもかかわらず、同じ週数とか同じ年齢ごとに、この予防接種をしなければならないと言われることに対しては、とにかくちょっと待って、と言ってみましょう。

心から願うのは、忙しさにかまけて、言われたとおりに従順になりすぎることのないように、ということです。ご自分を、お子さんのいのちに対するプロフェッショナルだと認識してほしいのです。

医療はあくまでサポーターです。サポーターが言うことは参考意見であり、決定権はあくまでご自身にあるということを、自覚しておきましょう。

参考文献

ワクチントーク全国編『新・予防接種へ行く前に　改訂新装版』（ジャパンマシニスト社、二〇一五年）。

母里啓子『改訂版 もうワクチンはやめなさい 予防接種を打つ前に知っておきたい33の真実』（双葉社、二〇一七年）。

第4章 生き方

Q33

大切な猫を亡くしました。気持ちをどう整理すればよいですか？

一年間で二匹。大切に飼っていた猫が突然亡くなりました。家族同然だった猫が突然天国に行き、喪失感でいっぱいです。何よりも、あすればよかった、こうすればよかった、もっとかわいがってあげればよかった……と、後悔の気持ちばかりです。猫たちに対する感謝の念もわき上がってきますが、やはり、自責の念にかられてしまいます。たかが猫ですが、家族であることには変わりありません。どのように、気持ちを整理したらよいのかわからず、苦しいです。猫はもっと苦しんで亡くなったんだろうな……。

（イチローサブロー・四〇歳・自営業）

A33

遊歩

たくさん悲しんで、たくさん泣いてください

突然二匹の猫を亡くされたこと、どんなに悲しかったことでしょう。人間でも、猫でも、突然の別れというのは本当にきついものです。

私たちは、悲しみやつらさを十分に感じることを、いつも許されていません。けれども悲しんで泣くことは、よくないことではまったくありません。涙にしてストレスを出してしまえるので、からだにとっては、泣くことはリラックスをもたらすとさえ言えます。だから、とにかく悲しむだけ悲しんだら、必ず元気になれます。

小さな子どもたちは、泣くことを上手に使って、ストレスをため込まず、生きています。

いっぱい泣いてください。もう戻ってこないんだね、もう二度とあなたを抱っこできないんだね、と言って、悲しむ時間をつくってみてください。「感謝の念もわき上がってきます」と書かれていますが、感謝の気持ちをいっぱい感じるのは、いいことです。

あなたはここにはいないけど、思い出は大切にするよ、と心の中で話しかけてください。ひとりの時には、声を出して、写真に向かって話しかけるのもいいでしょう。いちばん一緒にいた時間、たとえば、夜、一緒にベッドに寝ていた時間には、いっぱい思い出していっぱい泣こう、と決めるといいでしょう。後悔や自責の念も、全部、涙にして、流してください。

たくさんさようならできたら、また新しい出会いに向き合えると思います。たくさんの涙と共に、彼らとの思い出の中を生きる、そうした時間を毎日一〇分でも、一時間でも、とれるだけとってください。すると、たくさんのほかのいのちたちが、あなたの愛情を待っていることに、気づくでしょう。

日常の中ではたくさんの猫や犬たちが、保健所で処分されているということに気づき、なんとかしたいという気持ちが、もしかしたらわいてくるかもしれません。もしできるなら、そうした活動に参加してみるのも素敵です。

別れのあとには必ず素敵な出会いがあることを信じて、毎日少しずつ時間をつくって、十分悲しむことを、まずはやってください。

Q34

なぜ男性は泣いてはいけないのでしょうか?

男の子は泣くなと言われてきましたが、なぜ泣いてはいけないのでしょうか、と高校生の時にネットの質問サイトに投稿したことがありました。その時の回答は、ほかの人の迷惑になるからとか、あまり自分の納得いくものではありませんでした。男性は、どうして泣いてはいけないのでしょうか。

(オレンジ・二四歳・学生)

A34

遊歩

男の子も、積極的に泣いていいのです

この社会には、受験戦争とか、企業戦士という言葉があって、泣かないで闘え、という常識がありますよね。

最大の暴力である戦争においては、男性は常に泣いてはいけないと、外からも内からも思わされています。争い闘うためには、泣いている時間はもったい

ないとされ、泣くことは禁止されます。でもその裏の真実は、泣くことによって豊かな人間性が回復することをおそれている。だから禁止するのです。

小さな子を見ているとよくわかりますが、子どもは好奇心のかたまりです。いきいきとした冒険心で毎日を過ごし、うまくいかないことがあると、すぐに泣きます。今泣いた烏がもう笑ったとよく言いますが、必要なだけ泣くと、また生きることへの躍動を取り戻します。

小さい時は、さほど男女の別なく泣くことができます。しかし、男の子は次第に、悔しいことに泣くのならまだ許されるけれど、悲しみで泣いてはいけないという社会からのメッセージに追いつめられます。女の子は反対に、悲しみはまだ許されるけれど、悔しさや怒りで泣いてはいけないと言われます。

つまり男の子が泣いてはいけない、とされるのは、単なる習慣であり、人々を追いつめる間違った常識です。本当は、男の子も女の子も、そして女性も男性も、泣きたい時は十分に泣いて、涙の後にある、明晰な思考力を取り戻す必要があります。

ニュージーランド人の友だちから、サド・アタックという言葉を聞きました。

突然悲しみの感情がわき起こって泣きたくなったり、とんでもない無力感におそわれるのだそうです。彼はパートナーを亡くし、頻繁に起きるサド・アタックに苦しんでいました。

本来は、愛しい人が亡くなった時は悲しみを十分に感じたほうがいいのです。しかし男性は、女性よりも悲しむ時間をもつことが許されない。だからサド・アタックがしょっちゅう起こるんだ、と彼は言っていました。

もちろん女性にもそういうことがあるとは思います。しかし男性のほうが、泣いてはいけないという悪習を内面化しているために、サド・アタックのような症状が出るのではないか、と彼と話し込んだものです。

男の子も、もちろん泣いていいのです。この社会を平和にしようと思うのであれば、積極的に泣いたほうがいいとさえ、私は思っています。さまざまな常識を疑い、新しい世界をつくっていくくらいの気持ちで、涙と創造性をもって、生きていきましょう。

Q35

真剣になれない自分との付き合い方は？

年々、真剣になることを面倒に感じます。やりたいことがあってもあきらめてしまい、できなかったことを後で思い返して、年齢のせいにします。自分に自信がもてず、何もしたくなくなることもあります。このままでは毎日が風のように流れてしまう、という危機感と、独身でいることの怖さ、また万一家庭をもった時の怖さもあります。若き日の「未来への希望」が、今は「将来へのおそれ」に変化してしまいました。こんな自分と付き合っていくよいアドバイスをお願いします。

（カナヘビ・三六歳・販売業）

A35

遊歩

不安やおそれを具体化してみましょう

私も若い時は、自分のおそれや不安を具体化することがむずかしいと感じていました。

ひとつひとつ見ていけば見ていくほど、不安やおそれがさらに強まるだろうと感じて、なるべく見ないようにしていました。

しかし、私たちの生きている時間の流れは、具体的なことの積み重ねなのです。

私たちのからだはどの瞬間も呼吸を止めず、心臓は鼓動を打つことをやめず、外に目を向ければ、毎日陽は昇り、陽は落ちていきます。そうした瞬間瞬間の積み重ねが、私たちが生きていることそのものなのです。

最近私は、自分の家の窓から小さくですが朝日が見えることに気づきました。少しなだらかな丘の上に昇ってくる朝日を見て、幸せだな、とか今日もがんばるぞ、と口にしたり、手をかざしたり合わせたりすることもあります。

もちろん、多様性を認めない社会や政治のことを考えれば、おそれや不安、混乱を常に感じます。しかし私にとって大事なことは、その感じることを曖昧にしないこと。瞬間瞬間に不安を感じる自分、その不安について考えたりする自分を愛おしみ、よしとすること。そうしたプロセスを大切にしています。

私は障がいをもつゆえに、シングル時代、結婚ができないだろうというまなざしを向けられることが、強烈にいやでした。そしてその視線を覆せば、つまり結婚さえすれば、幸せになると思い込んでいました。結婚してもいいよ、と言ってくれた人と同棲しましたが、彼の家族は強烈に反対しました。家事や育児のできない女は妻でもなく嫁でもない、と言われ、制度としての結婚のひどさに気づきました。

次の恋人とは「一〇年は結婚しなくてもいいから仲良く付き合おう」と話し合い、社会的にはシングルながら安定した関係が続きました。しかし彼がほかの女性を好きになり別れ話を切り出され、悲しみとパニックの日々を過ごしました。

泣き暮らして半年が過ぎたころ、二〇年近く男性依存だった自分に気づき、三年間は恋人なしでいようと決めました。

こうした経験の中で、不安やおそれを涙や笑いにして外に出してしまおうとする、私たちのからだの力に感動し、感謝しました。

ご質問へのお答えとしては、不安やおそれをとにかく具体化、言語化してみることをおすすめします。昔の失恋の痛手が癒えていないのか、ずっとシングルでいるのが不安なのか、あるいは結婚への不安はよいモデルがいないためなのか、それとも経済的なご事情なのでしょうか。

私たちの受けた教育は、観察力と想像力をひどく損なうものです。自分で考えることに無力感をもたされ、あるいは自分で考えるとはどういうことか、それさえわからない状況が多いと思います。

どうぞ、大切な大切なご自分の人生です。不安やおそれの具体的な理由を問い、言語化し、そして向き合い、考える力を発揮していきましょう。常に呼吸し鼓動し続けているからだに感謝しながら、不安やおそれを見つめ、それらをため込まず、感じ、考えながら生きていきましょう。

Q36

障がいを気にせず積極的な女性になるには？

どうすれば障がいを気にせず積極的な女性になれますか？　人を巻き込むには、自分に何が必要ですか？

（いくこ&さき・三一歳・フリーター）

A36

遊歩

涙を最高の友だちと思って

ご質問をふたついただきました。人を巻き込むには、ということは、人と仲良くしたいと思っていらっしゃる、と受け取りました。

この社会の中に生きていれば、人と仲良くできないのは、障がいのせいだと思いたくなります。人類の歴史の中で、障がいをもつからだが肯定されたことは一度もありません。それどころか、大量虐殺や無理心中などのかたちで殺され続けてきました。今も状況は同じです。

ですから障がいをもつ私たちも、障がいをもつ自分自身を否定しがちになるのは当然です。けれど一方で、自分をゆるせない人、愛せない人が、他人をゆるし愛することは、非常にむずかしいことです。

私は、自分のからだを愛するために、自由を求め続けてきました。車いすを使ってはダメと言われていましたが、仲間たちは車いすを使ったほうがいいに決まっているよ、骨が折れやすいんだから、車いすに乗っていたほうが骨折も避けられるよ、と言ってくれました。リハビリの観点とは違う彼らの言葉にはっとして、車いすを取得しました。

それまで外に出る時は、母や妹に背負われていましたが、車いすに乗りはじめてからというもの、行動範囲は飛躍的に広がりました。

そうして人に出会う中で、考えたことがありました。障がいをもつ私自身を好きになろうとする努力は、ふたつあるということです。

ひとつは、障がいゆえにもたされている困難を解消するために、動き続けることです。これは、車いすを取得したり、階段しかない駅にエレベーターをつける取り組みをするなど、困難を困難のままにしておく社会は「差別社会」なのだと意識して、行動する努力です。

ふたつ目の努力は、自分を愛し、自分を肯定することをさまたげる、さまざまな感情に向き合い続けることです。ちょっとむずかしいかもしれませんね。

私も、生きることはつらいことの連続だなあと感じることがよくあります。どんなに行動しても変わらない、つらい現実はたくさんあります。ただそんな時でも、語ることを続けています。涙も我慢しないでたくさん流すことにしています。人は、苦しみをため込みすぎると泣くこともできません。悲しみや苦しみを涙として外に出すことができるのは、からだの機能がうまくまわっている時なのです。

私は、自分の涙も人の涙も、最高の友だちだと思っています。障がいを気にして積極的になれない時、人と仲良くしたいのにうまくいかない時は、泣きたいだけ泣いてください。

泣いたら気にしなくなるとか、人と仲良くできるとか、そういうことではありません。たくさん泣く時間を自分にあげることは、自分をゆるし、愛し続けることの原動力となるのです。

そして一歩、二歩と前に進んでいくことができます。

障がいを気にして、人と仲良くできないという思いを、日々、言葉にしてだれかに聞いてもらってください。涙をたくさん流しても、それでもそばにいるよという関係を、少しずつ築いていってください。つらい思い、泣きたい思いをためていくと、ますます自分を肯定できなくなります。

でも自己否定感もまた、私たちのせいではありません。

あまりにつらい時は、空を見てください。どんなに厚い雲の向こうにも、太陽はいつも光り輝いています。風や光は、動かない木にも少しは動き回れる私たちにも、公平に愛を注いでくれます。そうした自然に包まれている自分に、気づいてあげてください。あなたはこの自然、そして社会という人との関係の中でも、かけがえのない大切な人であるということを、自分自身に言ってあげられる時間があると、素敵です。

どうぞこれからは、ふたつの努力に少しずつ乗り出してくださいますように。必要ならまたお声をかけてください。

A36

宇宙　とにかく声に出すことをおすすめします

いただいたふたつの質問、順番を逆にして答えさせてもらいますね。

まず、人を巻き込みたいと思う気持ちがあるなら、その思い以外に必要なものはないと思います。

障がいをもっていれば、日々生活する中で、助けが必要なことや、助けがあったほうが断然に楽なことが、数々あります。

そうした場面で、助けを求めるのをぐっと堪えたり、迷惑になったらどうしようと黙っているのを少しやめてみて、「ここで助けがあったらなと思えること自体が、自分の才能だ」という勢いで、近くの人に手を借りてみてください。

相手は顔見知りの人でもいいし、知らない人でもいいのです。質問者さんが人を巻き込むための魅力を何か身につけなければいけないとか、そんな必要はまったくないのです。私とかかわれてよかったね、というくらいの上から目線でもいいのです。

必要なのは、あまり深く考えず、自分がここで助けが必要だと感じた時に、声に出してみることです。

自分が迷惑かもしれない、という思いは、残念ながら、まだ私の中にも顔を出します。でも、そんな面倒な気持ちをいちいち聞いていても、自分にとってなんの利益もありません。そんな気持ちがなくなるまで待とう、と待っていては、一年もあっという間に過ぎてしまいます。

だから、待たないで、とにかく声に出してみることをおすすめします。

人によって、それに対する反応は違うかもしれません。断られたり否定されたりすることだってあるかもしれません。でも、そうだったとしても、それは質問者さんのせいではないことを、覚えていてください。

多くの場合、その人がたまたまうまくいっていない日を過ごしているのかもしれないし、人にはそれぞれ個人的な理由があるので、自分のせいだというふうには受け止めないでください。

そうして、多くの人とかかわれるのは自分の障がいのおかげ、と思えるようになったら、障がいを気にしなくなる日も、くるかもしれません。

障がいに対してどう感じるかは、正直、私もまだ日によってアップダウンがあります。でも、それもすべてプロセスです。慣れないうちはとってもドキドキしても、人を巻き込みたいと思う気持ちに耳を傾けて、声をかけていってみてください。

Q37 真面目はよくないことですか？

僕は、友人たちから真面目すぎる、と言われます。自分では、好きなことを一生懸命やっているだけなのに、と思うのですが、あんまり言われると変えなきゃいけないことなのかな、と思ってしまいます。真面目はよくないのでしょうか。

（サニー・二三歳・学生）

A37 遊歩 どんな自分も素敵な自分です

真面目という一言の中には、いろいろな意味が含まれていると思います。かたくなで柔軟性がまったくない、という真面目もあれば、物事に真剣に向き合っている真面目もあります。

柔軟性がないと、本人にとって生きにくさを伴うことがあるでしょう。

ただ、物事に真剣に向き合う真面目は、私にとってはまったく悪いイメージはありません。だれにどんなふうにどんな場面で言われたのか、質問からはわかりませんが、真面目であることをネガティブにとらえる必要は、まったくないと思います。

自分の目の前にある状況に対して、あるいは自分のやりたいことに対して、真面目に真剣に取り組むならば、いろんな可能性が拓けていきます。

今の社会は、お互いに無関心でいることを強要する社会だと私は思います。

何事にも真面目であれば、無関心ではいられません。だれもが、真面目に自分のいのちや、他人のいのちに向き合うならば、自殺する人が増える社会や、過酷事故を起こした原発の再稼働を許せるはずがありません。

真面目に、自分のいのち、人のいのちに向き合うならば、必ずやその真面目さは、やさしさでもあるということがお友だちにも伝わっていくでしょう。

どんな自分も素敵な自分であるということを、常に思い出してください。

そして、真面目だねえ、と言われたら、僕のそんなところが素敵でしょう？とユーモアをもって答えてください。相手の顔に、必ずや笑顔が浮かぶに違いありません。

A37 宇宙 自分のあり方を変える必要はありません

まず最初に、質問者さんの質問を読んで「好きなことを一生懸命やっている」と思えるのがとても素敵だなと思いました。

私もどちらかといえば「いい子」であったり「真面目」と言われることが多いほうです。

そして、私も人に対して、「めっちゃ真面目だねー」などと言う時もあります。

書きながら思ったのは、今の日本の社会はとくに、まわりの人に合わせようとする傾向が強くなっています。

そんな中、人と少しでも違う行動や発言をすると、それを口に出して相手に思わず伝えたくなってしまうのかもしれません。だから、とても面白い人がいたら「面白いね」と言いたくなるし、真面目な人がいたら「真面目だね」と言いたくなります。私が人に「真面目だね」、と言う時どんな気持ちで言うのかなと考えてみたら、「私も勉強しなきゃ、ちゃんと向き合わなきゃいけないなー」という無意識の焦りがあるかもしれません。

人はそれぞれ自分の時間の使い方や、物事の楽しみ方が違うわけで、自分が好きなことを一生懸命やっているのであれば、自分のあり方を変える必要はないと思います。

質問者さんが一生懸命な姿に、コメントしてくる人たちは、先ほども言ったように、どこかで焦りを感じているのかもしれません。

だからといってまわりの気持ちを考えて、自分のあり方を変えることはないと思います。

真面目だと楽しめないのでは？　というのはイメージであって、質問者さんのように、真面目に楽しんでいる人たちがいます。

そして、いつか質問者さんの物事へ向き合う姿が、「真面目だね」と言ってくるまわりの人たちにも浸透し、真面目な人が増えても、楽しいですね。

Q
38

「ありのままでいい」って本当ですか？

就職試験に落ちました。知識や技術、コミュニケーション能力等々、何か優れているところがないと、この競争社会では生きていけないと落ち込んでいます。ありのままでいいという言葉を書物などで見かけますが、ありのままではいけないと思えてしまうのです。

（こころ・三〇歳・フリーター）

A
38

遊歩

ありのままでいい社会を、一緒につくりましょう

ありのままでいいという言葉を本気で生きるためには、残念ながらその世界を自分たちでつくる必要があります。おっしゃるとおり、すさまじい競争社会の中で、ありのままでいたとしたら、排除され、虐げられ、時に見えない存在とされてしまいます。

まずは、ありのままの自分というものが、どんな自分なのか見つめてくださ

い。つまり、競争社会をいやだと感じている自分、ありのままでいい、と言われてもありのままでは就職できないんじゃないかと不安を感じている自分、もう一歩進めて、ありのままでいけない、と感じさせられるこの社会の矛盾を知り、なんとかしたいと思っている自分。そうしたあなたが、私には見えてきます。決して、ありのままの自分、イコール、何も感じない、何もしないで好きなことだけしていきたい、と思っているあなたではない、と私には思えるのです。

ありのままでいいという言葉をよくよく聞いてみると、ありのままではいいけれど、わがままはいけない、という矛盾したメッセージが常に含まれています。

私たちは小さい時に、ありのままの自分を本当に愛していました。飛んだり跳ねたり、うれしいことも悲しいことも、それを感じている自分を責めることなく、表現していました。しかしそれも、ある時から、まわりの大人たちの態度やまなざしによって、ありのまま＝わがままであると感じさせられてきました。つまり、ありのままの自分を、感じたり、表現したりすることが、いけないことだというように、感じさせられているのです。

動物である人間のありのままは、好奇心にみちたアクティブな生きものだと思います。そのアクティブさをどんどん使って、さまざまな出会いを求め続けてください。そしてその出会いの中に、さらなる次の道が、必ず拓けていくことでしょう。

落ち込んでも、いくつかの深い人間関係と、さまざまな出会いを求めていけば、そこから立ち直ることはむずかしくはありません。そうした人間関係は、質問者さんのまわりにはどれだけあるでしょうか。就職試験に落ちて、ゆっくりする中で、ありのままでいい社会をつくるために、どんどん自分の興味のある方向に動き、出会いを重ねてください。

人は、どんなに落ち込んでも、まわりに自分の力を必要としている人がいることに気づくことさえできれば、希望をもち続けることができます。時間のたっぷりある今現在をチャンスと考え、小さな子からお年寄り、あるいはさまざまな言語を話す人、自分とは違ったからだや個性をもつ人たちとつながって、本当のありのままとは何かを見つめ、出会う機会としてください。あなたの力を待っている人は必ずいます。ありのままで生きられる社会を、あきらめずつくり続ける仲間となってください。

A38

宇宙

私も模索中です

質問者さんの気持ち、よくわかります。私も今、自分の「ありのまま」の姿ってどんなものなのか、模索中だからです。正直、模索中なのでこの回答にも、私の迷いや混乱が混ざっているかもしれません。

今の私は、競争社会の中で、ありのままで生きることはむずかしい、と感じています。

なぜなら、その社会の中で生きている多くの人は、自分らしさと妥協して、背伸びしてみたり、もしくは縮んでみたり、隠してみたりして、生きているように思えるからです。

そんな社会で生きていると、それが当たり前のように思えるし、そうしないのはまわりから「変わってる」「甘えてる」「わがまま」と思われるかもしれません。

でも、世界は広くて、社会はひとつではありません。競争社会じゃない社会だってあり得るのです。

それに、「変わってて」「甘えてて」「わがまま」だっていいのです。

中には、競争社会が肌に合う人もいるのかもしれません。でも、質問者さんのように、自分が自分のままであってはいけないと感じさせられる人が、たくさんいるのも確かです。そして、そんな競争社会の中でいちばん排除されやすいのは、知的障がいをもっている人たちです。

私は今、知的障がいをもつ人たちが地域ともっとかかわることをサポートする団体で研修をしています。その中で、ありのままを隠すことをしない、できない彼らが、社会の中でどういうふうに孤立させられているのか、あらためて感じています。でも、ありのままでいることが、いつでも孤立につながるわけではありません。

私のすぐ近くにいる「ありのまま」に生きている人の例は、遊歩です。遊歩も、「ありのまま」でしか生きることができないタイプの人で、ありのままで生きるために、彼女は自分で世界を切り開いてきました。

彼女の場合、そのためにはいろんなことと闘う必要がありました。「闘い」と聞くと怖い感じがしたり、できれば避けたいことのように思うけれど、別にガチンコの喧嘩とか、そういう闘いだけを意味しているわけではありません。

遊歩の闘いは、自分の芯を知り、貫き、それに対して責任をもつということ。彼女のそんなあり方をよく思わない人も中にはいるけれど、それにまったく流されないこと。

そんな彼女を見ながら育って、私は、自分の芯を貫くより、まわりと調和を保っていたいな、とか、闘いたくないな、とか思って、自分を譲ることを身につけてきたように思います。

でも、最近、譲れない場面によく出会うようになりました。だから、ありのままでいるために、自分の芯を貫き、自分の選択を信じること、つまり自分を信じるということが、どういうことなのか、一歩ずつ学んでいます。自分がありのままで生きるということは、楽に生きることとイコールではありません。でも生きることは冒険みたいで、それ自体は楽しいと思うのです。

ありのままで生きないのも、ありのままでしか生きられないのも、ありのままで生きると決めるのも、人それぞれです。質問者さんが、自分の譲れないところはどんなところか、自分のありのままとはどんなものかをじっくり見つめてみてください。それで見出した答えから、生きていく道が切り開かれていくと思います。応援しています！

Q39

障害者手帳は役に立ちますか？

大学時代、ひとり暮らしのアパートで引きこもりになりました。親に連れ戻されて、病院に通い、精神障害者手帳を取りました。その後、いい人々と出会い、今は薬も飲まず、少しずつですが確実に元気になってきています。先日、自動車の免許を取ろうとしたら、手帳をもっているると、診断書が必要になったり手続きが煩雑になると言われました。将来的にも手帳がどんな役に立つのかわからず、もう必要ないかなと思っています。どうすればよいでしょうか。

（Wood・二三歳・アルバイト）

A39

遊歩

必要のないものに、縛られないで

障害者手帳がある国は、日本のほかにフランス、ドイツなどです。これらの国では、手帳をもっていなければ、割引やさまざまなサービスを受けにくくなります。

日本の場合は身体、療育（知的障がいを対象）、精神と三種類の手帳があり、各手帳の等級ごとに受けられるサービスが違います。一般的に等級がかるい場合は、受けられるサービスや割引は少なくなります。

この等級は日本の場合、法律に基づいて医師が決めます。[1] 私たち自身のからだと生活であるにもかかわらず、当事者の声は、等級の認定に反映されません。

精神障がい者の方の手帳（精神障害者保健福祉手帳）をもつことで受けられるサービスは、ＮＨＫ受信料の減免、所得税、住民税の控除などです（自治体によって異なるものもあるようです）。[2] まずはお住まいの自治体で確認してみてもいいかもしれません。

障害者手帳をもっていることは、自分自身にある種、枠をはめられるような気がしますよね。

精神障がいの場合はなおのこと、割引を使うにもわざわざ手帳を出すとか、質問者さんのように、資格を取ろうとすると診断書も取り寄せなければならないなど、行動の自由を保障するものではないし、むしろ制限される場合も多いのが現実です。

自分が自分であるために、このいびつな優生思想社会を生き抜くために、使うか使わないかを決めるのは、自分自身です。優生思想とは、多数の人と違う人たち、とくに障がいをもつ人たちを排除してきた考え方です。

この競争社会に異様に巻き込まれないために、手帳をもつことも、ひとつの選択である場合もあるでしょう。たとえば自殺したいという強烈なつらさを抱え続け、仕事ができないという状況で手帳を使って年金等を受け取るのは、理性的な道です。手帳は、人生をよりよく生きるための方策なのですから。

私の場合は、障害者手帳は必要なサービスを使えるので、あまり心地よくはありませんが、もち続けています。なぜ心地よくないかというと、割引を受ける時は手帳の提示を求められますが、差別される時は手帳の提示に関係なく差別されるからです。

必要のないものに縛られて自分の自由を失うようであるならば、返還されて安らいだ人生を送るのも、選択の一つです。

社会は、お互いに助け合うためにあるものです。人間関係でさらに助け合う道を想像して、歩んでいってください。あなたの大切な方々、ご家族、そしてすべての人たちとさらに助け合い、素敵な人生を生きてください。

注

1　療育手帳の発行は児童相談所か知的障害者更生相談所で判定。

2「みんなのメンタルヘルス総合サイト」（厚生労働省）精神障害者保健福祉手帳　https://www.mhlw.go.jp/kokoro/support/3_06notebook.html

Q40

大切な人が亡くなった時どうしたらいいですか？

大切な人が亡くなった時、どうやってわりきっていけばいいのかわからなくて、悩んでいます。これから大切な人との別れがどんどん増えていくのかなと思うと、不安になります。

（ルピナス・二五歳・団体職員）

A40

遊歩

悲しいことはわりきらなくていい

悲しみをわりきらなくてはならない、悲しんではいけない、と思うのはなぜでしょうか。

どの別れもつらいし、悲しいものです。そのつらさ、悲しさを、いっぱい感じていいと私は思います。そして、つらく悲しい思いをしっかり感じれば感じるほど、生きる力がわいてくるものです。

たとえば、食べものをおいしいと感じること。よくわかった、という学びの充実感を得ること。自分のからだの限界に挑戦し、達成感を得ること。どれも、感じる力です。

しかしとくに悲しみについては、あまりにも多くの場で、感じてはならないとされています。しかしそれは、間違いだと心から思います。

という話をすると、「のべつまくなしに悲しみを感じていたらつらすぎるし、日常生活が送れない」と言われることがあります。もちろん、それはもっともです。

以前、大好きな恋人と別れた時、悲しくて悲しくて、泣きすぎて死んでしまうと思ったことがありました。その時私は、悲しみを感じたら一時間や二時間と決めて、思い切り悲しむ時間をとることにしました。毎日、バスタオル（フェイスタオルではありません！）がびしょびしょになるほど泣きました。

そのうち、一日でも泣くのを我慢すると次の日がつらいことがわかり、泣く時間を毎日とるようにしました。泣いた後は、なんとか日常を送ることができました。

半年後には、ああもうこのことで泣かなくてもいいんだ、と心から思えるようになりました。大好きだった彼に連絡することも一切なくなり、それから三年ほどたって新しい出会いがあり、娘が生まれました。

大好きな親たちも二人、見送りました。今でも時々つらくなると――どうしてつらいのかわからなくても――母から聞かされた、母の貧しい子ども時代のことを思い出して、また戦争に行った父がそこで何をしたのか、させられたのかを想像して、泣きます。

そうした思いをだれかに聞いてもらって、たくさん泣くようにします。すると、あのつらかった感じがずいぶん消え去り、また人に出会おうとする力がわいてきます。

障がいをもつ大事な友だちも、たくさん亡くなりました。四〇歳を過ぎたころに死別した人を数えたら、五〇人を超えていました。それから二〇年を経て、今は一〇〇人近くになります。

死別でないにしても、そもそも私は人と出会う機会が多いので、その分、別れも数多く経験しています。

亡くなった人も、生きながら別れた人も、すべてが私の大切な記憶であり、思い出であり、心の財産です。

別れのつらさも、やがて感謝に変わっていきます。それがわかるまで、出会いと別れを重ねて、涙を流して、悲しみを思いっきり感じてください。

第5章 差別

Q41 障がいがあっても前向きに生きていくには？

私は先天性の四肢奇形という、障がいがあります。普段の生活や職場では人の介助なく生きていけます。しかしこの一年は、事務職の仕事をメンタル疾病のため休職していました。今やっと、不安や不眠等の症状が落ち着き、薬も飲まずに過ごせるようになりましたが、今後、どうして生きていったらよいのか、迷いが生じてきています。これまで「人のお世話になっているのを実感していない」「障がい者らしく、身分をわきまえていない」というまわりからの言葉などで、傷ついてきました。障がい者らしく、と言われても、どうふるまってよいのかわかりません。ただ漠然と不安だけがつのっています。前向きに生きていくには、どういう心がまえで生きていけばよいのでしょうか？

（そら・四四歳・会社員）

A41 遊歩 助けを求めることも、前向きなあり方です

一年間ゆっくりして、傷ついた心を少しずつ温められたのでしょうね。まずこの一年間の日々を、よかったなと、読みながら私は思いました。

人はあまりにつらいと、つらいということにすら、気づかないものです。そのために不眠や不安が起こっているにもかかわらず、それをまた薬でおさえ込もうとしてしまいます。ですから薬をやめられたことも、すばらしい回復力だと、ご自分をいっぱいほめてください。いっぱいご自分を抱きしめてください。本当に、よくやりました。

まず前向きに、ということですが、ここに書いてくださった時点で、すでにしっかりと前を向いていらっしゃるということを、お伝えしたいと思います。すばらしくよく生きてこられたし、人と違ったご自身のからだに対しても、ひどい差別の中、あきらめることなく、立ち続けてきてくれました。ありがとう。

もし可能なら、これからしてほしいことは、ふたつあります。ひとつ目は、障がいについて、顔を見合って、時に手を取りながら、いっぱい話せる同じよ

うな障がいをもつ仲間をつくってほしいと思います。仲間がもうすでにいらっしゃれば、その方たちとのさらなる深い関係性をつくられるよう、おすすめしたいです。

もし仲間がいらっしゃらなければ、まずはひとりからでも、さまざまに調べて、出会ってください。全国に、当事者による当事者組織の自立生活センターというところがあります。「全国自立生活センター協議会」、あるいは略称「JIL」で検索して、ぜひ、ご自分の地元の自立生活センターにつながってみてください。そして、障がいをもつ仲間を紹介してもらったり、そのセンターで働いている、障がいをもつスタッフとつながってみてください。

そしてふたつ目は、自分の好きなこと、やりたいことを見つけ、知ってください。それをどんなかたちでも、少しずつでもやり続けることができたら、素敵だと思います。たとえば大好きな木を見つけて、その木にハグすることを習慣にするとか、いわゆる瞑想をするとか。私自身は、人に会いにいくことが好きなので、それをし続けています。どんなことでもいいのです。

私は、障がいをもつ人は、この社会がどんなふうにあったらいいかを、指し示してくれている、大切な人たちだと思っています。たくさん仕事をして、たくさん稼いで、たくさん消費する生き方ではなく、大好きな人たちと、好きなことを少しして、ゆっくり暮らすことは、この地球全体を壊しかねないスピードで進む環境破壊を、止めてくれるでしょう。そのために必要な社会からの福祉のサポート、生活保護や、年金を受ける方法もあります。ただ、そうすると決めたら、私たちの側が、どれだけ福祉を使いこなせるかが問題で、権利意識をもつことが重要です。そのための学びと応援者づくりも、これからの時間の過ごし方に付け加えられるよう、おすすめします。

また、介助はいらないと緊張して立つのでなく、必要な介助には来てもらおうと思うくらい、助けを求めることができれば、それはひとつの前向きなあり方です。

本当の強さ、前向きさとは、助けが必要な時に助けを求められることです。あなたが今回そうしてくださったように。

A41 宇宙

障がい者らしく、助けを求めていきましょう!

本当に心のない発言をする人が多いですね。よく立ち直られたと思います。

今の社会は、なんでもひとりでできるのがよいとされています。そんな中で障がいをもって生まれてくると、いつでも人の手を借りて生きる必要があるのと同時に、助け合って生きていっていいと、身をもって証明できる存在になることができます。だから、「障がい者らしく」と言われたならば、障がい者らしくもっとまわりに助けを求めて、生きていっていいのではないのでしょうか。

私も将来不安になることがないといったら、それは嘘になります。でも、そんな不安が心の中で続くことは、あまりありません。

それはなぜだろうと考えてみたところ、私の前に、たくさんの障がいをもった人たちが、本当にいのちと人生をかけて、自らが尊厳をもって生きられる社会をつくるために闘ってきたことを知っているからだと気づきました。

遊歩も、そうした障がい者運動の中で、前に立って闘ってきた人のひとりです。そのおかげで、私は小さいころから守られて、自分で闘うことは今までありませんでした。だから、今まで闘ってこられた方々の足元にも及びませんが、でも、これからは私も闘うことが必要になってくるかもしれません。

社会全体が、私たちの存在を否定してかかってくることもあるかもしれないけれど、そんな中でも、闘い抜いた人たちがいるからこそ、今生きていけるんだなと、日々どこかで感じています。

また、重度の障がいをもちながら、まわりの人に声をかけながら日本を回ったり、家を飛び出して自立していった人たちの話も聞いてきました。どんな障がいがあろうとも、自分のやりたいことや、自分の想像するベストの生活をめざして生きている人たちの存在は、いつも私を励ましてくれます。

いざとなれば、どんなふうにでも生きていけるし、だれもが、まず生きていることが大切なんだと私は思っています。

最後に、「人のお世話になっているのを実感していない」という言葉には、「私もだれかに助けてもらいたい」という思いが込められているのではないでしょうか。だから、「あなたもだれかに、私にでも頼っていいいんだよ」って答えてあげてもいいと思います。

Q42 いじめられている子どもへのサポート法は？

三歳の甥っ子は髪の毛の癖がとても強く、児童館などに行くと年上の子に「気持ち悪い髪の毛！」と頭を叩かれたりすることがあると、母である私の妹から聞きました。甥っ子が「ママと僕の髪は一緒？」と聞いている場面に遭遇し、直毛の妹は「一緒だよ！」と答えていましたが、甥も妹も、心の傷を負っているのだろうと胸が痛みます。日本では、人と少し違うだけで差別されることが多いように思うのですが、差別された時にどう対処すればよいか、また、まわりの者はどのようなサポートができるのか、アドバイスいただけるとうれしいです。

（伯母・三〇歳・フリーター）

A42 遊歩 あなたは素敵だよ、と何度も伝えて

私たちは、画一的な美意識や価値観を、社会からおしつけられています。そ

れは、からだの個性についても、言えることです。まずはひとりひとりが、さまざまであるはずの個性というものを、どんなふうに感じているのか、自分自身で見つめてみることが、大切かと思います。

「ユニークフェイス研究所」や、「マイフェイス・マイスタイル」というグループがあります。顔にあざや傷があったり、外見に症状がある人の当事者グループです。そのことで、いじめられ、さまざまな差別を受けてきた人たちです。彼らの話を聞くと、多様性がすばらしいと思っている自分もまた、時には心の奥で、多様性に違和感をもつこともあります。

つまり私は、多様性を認め合いたいと思いながら、同時に、この社会の優生思想に激しく飲み込まれていることを知ります。多様性を認め、人と対等に楽しく暮らすためには、子どもの時から、お互いに言いたいことを言い合う関係性をつくること、そして、正しい情報を伝えてくれる大人たちが、身近にいることも必要です。

学校教育は多様な個性を認めるどころか、バラバラに分けて教育しようとする、分離教育が中心となっています。甥っ子さんに投げかけられた言葉は、こうした分離教育が背景にあるということを、知っておいてください。

そのうえで甥っ子さんに伝えてほしいのは、たとえばこうした言葉です。「〇〇ちゃんの髪の毛って、本当に素敵だよね。お母さんのまっすぐな髪の毛も素敵だし、〇〇ちゃんのふわふわとカールしている髪の毛も素敵」。たぶん彼は、児童館で言われた言葉をすぐに思い出し、「そんなことない、僕の髪の毛、変なんだ」などと言うかもしれません。その時はチャンスです。「どうしてそう思うの」と聞いてあげてください。

彼が、自分に向けられたいやな言葉を次々とおしえてくれたら、焦らないで、聞いてあげてください。やさしく、「そうかあ」と言葉を返して、からだにふれてあげてください。彼が話し終わったら、まっすぐに目を見て、「〇〇ちゃんの髪の毛は、本当に素敵だよ」と、繰り返し、伝えてください。

そしてもうひとつ、「今度いやなことを言われたら、『そういうことは言ってほしくない』というあなたの気持ちを、相手に伝えていいんだよ」と、言ってください。

いやなことを言われても、あなたにはそれを止めさせる力があること、そして、どの人も、それぞれが個性的で素敵なからだなんだよ、ということ。このふたつのことを、ゆっくりと焦らないで、伝えてください。

A42

宇宙　お子さんがいろんな視点をもてるように

小さい人や若い人たちは、自分と人との違いに敏感です。

私が小学校に入った時、多くの同級生は、毎日のように「小さーい!」「なんで車いすに乗っているの?」と聞いてきましたし、中には「変なの」と言ってくる子もいました。当時の私はそれがショックでした。

説明しても何回も聞かれるものですから、母に助けを求め、母が学校に来て、みんなに説明してくれました。小さい子たちは同じ歳だった私の言うことより、大人の説明のほうに、納得したようです。

私の場合、ネガティブな言葉が多かったわけではないので、差別だと感じたことはありませんでした。それでもなんだかうれしくない気持ちになったのを覚えています。

でも、そこから自己否定感につながるわけではなく、自分は自分でいいな、と思う気持ちは根本的には変わりませんでした。それは、母が言っているように、まわりの大人たちが「あなたは素敵だよ」と、繰り返し言い続けてくれたおかげだと思います。

子どもは、まわりで起こっていることを真似しながら、成長していきます。だから、「気持ち悪い髪の毛」と言う年上の子も、何かしら言われてきたのかもしれません。もしかしたら、本当は甥っ子さんの髪の毛をいやだと思っているわけではなく、たまたま彼に八つ当たりしてしまったのかもしれません。それらを、甥っ子さんに話すのもいいかと思います。

だからといって、いやなことを言われるのを我慢する必要はありません。言われていること、叩かれることがいやだということを伝えるために、いろんな視点をもつのは重要なことだと思います。

いちばん大切なのは、まだ三歳だから、むずかしいことは理解できないと思わないで、丁寧に話して、一緒に考えてみることです。甥っ子さんの気持ちに寄り添ってあげてください。

Q43 やまゆり園事件のあと、外出が怖くなりました

やまゆり園事件[1]のあと、車いすを使っている自分のことを、みんなもじつは厄介者と見ているんじゃないか、という疑念がとれなくなりました。外出は好きなほうでしたが、街に出るのも怖くなりました。これまでそんなふうに感じたことがなかったので、どうすればよいのかわかりません。アドバイスがあればお願いします。

（かもめ・二三歳・学生）

A43 （遊歩） 怖い気持ちを人に伝えていきましょう

私もまったく同じ気持ちになりました。数日間ではありましたが、恐怖におそわれて過ごしました。

遺族への配慮を理由に被害者の名前が報道されなかったことも、非常な差別でした。

親は、考えに考えて子どもに名前を付けます。名前とは、その人が何者であるかをもっともシンプルに伝えるものです。名前を発表しないことによって、犠牲者ひとりひとりの大切ないのち、存在そのものに、思いをはせることができなくなります。

家族への配慮が理由として挙げられましたが、家族にとっても、「障がいをもつ家族」という存在が負担とされる社会だからです。社会の大多数の人々が、障がい者には名前すら必要でない、という意見に賛同しているんだと私には受け取れます。障がいをもつ仲間たちが番号をふられてガス室に送られた、あのナチス時代を思い起こさざるをえませんでした。

当時のドイツでは、人種主義を背景に、優生学が権威をもつようになりました。障がい者の強制収容運動が広がり、ヒトラーの命令のもと、医者たちによって障がいをもつ人々が移送され、殺されました。この犯罪がホロコースト（ユダヤ人の大量虐殺）につながるのは、多くの歴史書が語るとおりです。

その背景には、「生きる価値のない人には安楽死という慈悲を」という善意の（そして、とても身勝手で傲慢で差別にみちみちた）思想がありました。報道されるやまゆり園事件の被告の言葉が事実なら、被告は、ヒトラーの、ひいてはあのドイツで使われていた思想を模倣しているわけで、恐怖はいっそう深まります。

すぐに効く答えにたどりつくことは、できません。ただひとつ言えるのは、私たちは驚愕し、大きな恐怖におそわれていることに私たち自身が向き合い、可能な限り表現すること。そして聞いてくれる人を見つけて、伝えていくこと。私たちの恐怖と、それを超える生き方を社会へ発信することが、必要だということです。

どんなに想像力があっても、当事者の話を聞くこと以上に、当事者の気持ちを共有することはできません。まずは、「どんなに怖い思いをしているか」という自分の思いを言葉にしてください。そして伝えられる限りの人に、繰り返し伝えていきましょう。

語り伝えることを重ねていれば、私たちはだれもが、自分の日々の暮らし、その積み重ねである人生を、かけがえのない勇気と使えるだけの情報を駆使して懸命に生きているという現実を、忘れないで過ごしていくことができます。

たとえば私は、この事件の数日後、バスに乗ろうとしました。バスの運転手は「リフトがついていないので乗せられない」と言いました。
もし、事件の影響を受けて私の中の恐怖心が勝っていたなら、「もういいか」と、引き下がっていたかもしれません。

でも気づくと、「バスにリフトがついたのは、私たちがリフトのない時代から乗車を望み、交渉の努力をし、まわりの人の手を借りて乗り続けたから。あなたが言ったような言葉に私たちがあきらめていたら、今、路線バスの一台にもリフトはついていなかった。だからリフトのないバスにこそ、私は人の助けを得ながら乗る必要があるのです」と、訴えていました。

運転手に語りかける自分の言葉を、半ば冷静に、でも充実感をもって聞きながら、やはり私はあきらめていないんだと気づきました。まわりの冷ややかな人のまなざしも感じました。それでも、「次はリフトのあるバスにも予約がなければ乗せない」という運転手の言葉にさらに発憤して、その差別性を問いただしました。

状況は、確かに過酷です。過酷さは、二〇年前よりもある意味先鋭化しているかもしれません。若い人たちが互いに分断され、孤立しているようすには、胸が痛みます。でもそれと同時に、こうして呼びかける私たちの世代がいることも、事実です。

二〇年前は、同じような障がいをもっていてさえ、「人に迷惑をかけない生き方を選びなさい」と年上の先輩たちから説教された時代でした。

障がいをもっていても我慢しない生き方を選んだなら、同じ感性の仲間とつながることが重要です。今は、私たちの世代にも自立運動を続けてきた仲間がいますし、若い仲間たちもたくさんいます。そして、障がいをもたない若い人たちもまた、心のどこかで、仲間として呼びかけてもらうことを、待っているように私には見えます。

決してあきらめないで。怖い、怖いと言いながらでいいから、外に出かけていきましょう。

怖いから外出しない、という選択を終わりにしない限り、事件の被告のような考えに凝り固まっている人たちには、私たちの人間性が見えないままになるでしょう。

分け隔てられることは、互いへの理解をはばむことです。

私は、地域の中で障がいをもつ人と障がいをもたない人が、分けられ、隔離されることを止めようと運動してきました。しかしその運動の成果を完全にほごにするかのような事件が起きたのは、本当に本当に残念です。

あきらめることなく、努力し続けていきましょう。時に、障がいをもたない友人たちとしっかり向き合って、わがままだとか、手がかかるから付き合いたくないと言われても言い合いができるくらいの対等な関係を、求め続けていきましょう。

A43 宇宙 さらに自分らしく、生きていきましょう

私も事件を知った時は、部屋から出るのが怖くなりました。もちろん事件が起こる前から、障がい者として社会の厄介者として見られることがあるのを感じてきました。

遊歩も書いているように、障がいをもった人への差別や暴力は、時に「あなたたちのために」という言い分のもと、行われることがあります。

障がい者たちが、自分の選択肢を丁寧に聞かれることなく、学ぶ場所、暮らす場所を決められていくこと。自分の意思の外で、生きていても幸せになれな

いと決めつけられた仲間たちが、殺されていった過去。

私たち当事者の立場からしたら暴力であることを、社会はそれが「私たちのために」なると思い込んでしまっている節があります。

私がこの事件のあと強く感じたのは、私たちはますます自分らしく生きていく必要がある、ということです。

自分らしく生きることや、幸せに生きる能力すらないと決めつけてくる社会に対してできることは、自分らしく生きることです。そして、人生は障がいのあるなしにかかわらず、ずっと幸せなものではありません。その中でもどういう人生を選び、どんな幸せを見つけていくかは、本当にひとりひとりにかかっていることです。

私にとって自分らしく生きていくということは、たくさんの人とつながりをつくって、その中で生きていくことです。そうすることで、私を「障がい者」という枠にはめず、私をひとりの人としてかかわる人が増えればいいな、と思っています。

外に出るのが怖い、と感じながら日常を送るのは、精神的に本当に疲れることですよね。それを抱えているのは、自分のためにもまわりのためにも健康的ではないと思います。

私は事件が起こった時、その恐怖をひとりで抱えていると自分によくないと思って、その週はいろんな友だちに話を聞いてもらったり、うちに泊まってもらったりしていました。

質問者さんのまわりにいる人で、安心できる人たちにその恐怖を打ち明けてみるのはどうでしょうか。そんなふうに私たちが感じることに、人は意外と気づいていなかったりします。

私たちがこんなに恐怖を感じているということは、障がいのない人にとってもショックなことだったりします。そして、私は障がいのない人もショックを受けるんだと知ることで、そんな恐怖を抱えなくてもいいと肯定される感じがします。

本当につらいことがある社会ですが、一緒に生きていきましょうね!

注

1 二〇一六年七月二六日、神奈川県相模原市の障害者施設「津久井やまゆり園」で起きた元職員による入所者の殺傷事件。一九人が犠牲になり二七人が負傷した。

Q44 ヘイトスピーチは言論の自由？

ヘイトの言葉が普通に流布していてげんなりします。先日、「差別意識を公言することは、自分に正直な感情の吐露であって言論の自由、というヘイト容認派の主張にも一理あるのでは？」と年下の友人に言われ、ショックでした。どのように説明すればよいでしょうか。

（子ブタ・四四歳・自営業）

A44 遊歩 できる限り対話を続けて

ヘイトスピーチに疑問をもたない人たちは、いのちの選別意識を完全に内面化させられています。

いのちの選別意識とは、「生きていていいいのち」と「生きていてはいけないいのち」がある、という発想です。

たとえば今の日本社会で「生きていていいいのち」であるには、生産性があって、場の空気を読んで行動し、外見的にも人の気分を害することのないありようをしていなければなりません。その条件を満たさないいのち、つまり障がいのある人たちは、「生きていてはいけないいのち」と言われ続けているのです。

しかし、人間の人生をよく見れば、生まれる時も死ぬ時も、最重度の障がい者です。

人はみな、生まれた時は言葉を使わず、表現手段は泣くことだけ。それで人生初めの一～二年を過激に生き抜きます。そしてどんな強者も年老いてからは、ものを飲み込むことも、排泄も自分ではできなくなり、最期は呼吸もだんだんとできなくなって、死に至るわけです。

ヘイトスピーチを公言する人、つまり「いのちの選別意識」を内面化してしまっている人に、そのような、肉体が変化してゆく自分の人生というものを、どのように考えているのか、聞いてみてはどうでしょうか。

いのちを選別してしまうのは、いのちに対する想像力の不足と、主体性を剥奪し管理強化にのみ力を注ぐ学校教育の結果です。

ヘイトを容認する人が、もし身近な人なら、心が痛いでしょうが全力で、涙を流しながらでも、それは間違っていると伝えてください。関係の遠い人なら、どういうアプローチをするかは、あなた自身があなたのペースで決めてください。

私は、私自身がヘイトのターゲットになることを十分に自覚したうえで、できる限り多様な人たちとの関係をつくることが、ヘイトを許さない社会をつくる道だと考え、行動しています。

とくに若い人で、ヘイトにまっすぐつながる優生思想を正直に口にする人に対しては、激論も辞しません。なぜなら優生思想を口にする正直さが、発言する自分自身をも傷つけているのではないかと案じるからです。

多くの若い人は、想像力を育む環境を奪われています。それが、他人の痛みに対して、非常に鈍感な原因のひとつです。だからこそ、そうした多くの若い人たちと、できる限り対話し続けることが重要だと考えます。

ヘイト＝憎しみの言葉を受ける人はもちろん、言葉を発する側にとっても、そしてまた未来の子どもたちにとっても、心が傷つくことなんだよ、と若い方へぜひ伝えていただきたいと思います。すぐには伝わらない場合も多いでしょう。自分の言葉が自分自身をどれだけ傷つけているか、すぐに自覚するのはむずかしいことです。優生思想は、多くの人を津波のように巻き込んでいます。

しかし、それを正直に表現するということは、この津波から助けて、という屈折したメッセージでもあると思います。

もう一度書きますが、身近な人であるなら、誠実に正直になって徹底的に対話を続けてください。遠くの人であるならば、戦略はあなたのペースで考えてくれれば十分です。

A44

宇宙 たとえばフリーハグをしてみました

私もげんなりしています。そして、私も、「ヘイトも言論の自由の内のひとつだ」という主張に悩んでいた時がありました。

そんな時、法学部の友だちが、「言論の自由は、他人を傷つけない範囲で保障されているもので、あからさまな人格や人種否定、存在否定を行うような言動は、言論の自由の外にあるものだ」とおしえてくれました。

二〇一六年七月に起こった、ヘイトを象徴するようなやまゆり園の事件のあとで、私が行ったことを紹介させてください。

私もあの事件のあと、恐怖におそわれた人のひとりでした。でも恐怖で立ち止まっていても、何も変わっていかないという思いもありました。そこで、ヘイトも言論の自由だ、と思うような人にも、愛を届けたいと思い、フリーハグを行いました。

フリーハグとは、街頭に「フリーハグ」と書いてある目印をもって立って、道行く人とハグするという活動です。もともとはアメリカで始まったもので、普段すれ違うだけでかかわり合わない人たちと、ハグを通して温もりや愛を感じ合うことができます。

この事件が起こる前にも、一度、フリーハグをしたことがありました。終わった後、とても幸せな気分になったことを思い出して、またやろうと思ったのです。

ヘイトを許してしまう社会は、お互いに関心がない社会だと思います。かかわりができるはずのない相手と、かかわりをつくることで、社会にはいろいろな人たちが生きている、ということに気づくきっかけをつくることができたらいいな、少しでもほかの人へ関心をもってほしいなと思って、事件で亡くなった方々の月命日二カ月目と四カ月目に、フリーハグをしました。

もちろん、全員ハグしてくれるわけではありません。けれど、「何してるのかな？」と目を向けてくれる人もたくさんいました。その視線は、私が車いすに乗っていて普段感じる、見ても見なかったふりのような視線ではなくて、温かい視線が多かったように感じました。

差別意識を公言することも言論の自由、と言ってしまうような人も、実際に差別された体験があったり、社会に対する絶望感や無力感を感じているのかもしれません。それに対して、多様な人とつながり合える可能性を実感できるのが、フリーハグです。差別発言を言論の自由と受け止めなくても大丈夫だよ、と伝えられるようなきっかけのフリーハグは、人の心を動かすアクションとしておすすめです。

Q45

障がいをもつ子を産んだら、と心配です

障がいをもつ姪がいます。正直に言うと、はじめはその子を受け入れることをむずかしいと感じていました。けれど接するうちに姪が本当にかわいくなり、とても大切な存在になりました。ただ自分が妊娠してから、障がいをもつ子を産んだらどうしよう、と不安を感じるようになりました。姪の子育てを必死にがんばっている姉(姪の母)にはとても相談できず、姪にも後ろめたく思うのですが、どうしていいかわかりません。

(アロニア・三〇代・会社員)

A45

遊歩　生まれることこそ奇跡です

すべてのいのちにとって、「生まれる」ということはその一点で、あまりに大きな奇跡です。

卵子と精子が一緒になってできた一個の受精卵が、果てしないほどの細胞分裂を繰り返し、ひとりの人間になる。それがどんなに大きなドラマであるか。まずそのことを、感じ続けてほしいです。人間はこのドラマを一〇カ月の間、お腹の中で感じ続けることができます。

どんな赤ちゃんでも生まれてほしいよ、誕生という奇跡を共に担いたいよ、とすべての親が思えたら……。そう心から願って、私は娘の宇宙を産みました。その、奇跡のいのちが生まれてくるこの世界に、優生思想のきびしさや残酷さがあることは、私がいちばん深く知っていました。

ですから私は、駅にエレベーターをつけたり、介助のシステムをつくったり、たくさんの人と関係性をつくったりしてきました。それは、生きていていいいのちと、そうでないいのち、というように、いのちに価値付けをする優生思想を超えるための、さまざまな準備でした。

優生思想が隅々にまでいきわたっている社会では、自分のことが自分でできない限り、幸せになれないことになっています。自分中心、自己責任の社会で、障がいをもつ人が幸せになれるはずは、ありません。

でも私は、自分中心の発想で争ったり奪い合ったり、自己責任を口実に人とかかわらない社会ではなく、助け合い、分かち合い、かかわり合う社会になれば、私たちも幸せになれるのではないか、と活動してきました。

私の娘は障がいをもっているからこそ、助け合い、分かち合い、かかわり合う環境で育ち、今、彼女らしい幸せな人生を歩んでいるように見えます。

質問者さんが、不安を私に話してくれたことは、本当にうれしいことです。

そこで、もうひとつ進めて、ご家族に、「障がいのある子を産むのが不安なの」と、素直な気持ちを話してみてほしいのです。何が不安の原因になっていると思いますか。自分の不安を語る時に、たくさんの涙が流れるのは当然ですから、たくさん泣きながら、お話ししてほしいのです。

涙は、傷ついた感情からの回復のプロセスです。子どもさんが生まれる前に、少しでもご自身のからだから、そうした感情を洗い流せるといいな、と心から思っています。人間には、悲しみを涙で癒やす力があるのですから。

泣くことをおそれないでください。姪っ子さんがかわいい気持ちにはまったくゆるぎはないのだけれど、だからと言って障がいをもつ子の子育てに助けのない社会に対して、不安を感じている、ということを、ご家族と話してくださ い。できるなら抱き合って、号泣するのも素敵です。

障がいがない子どもを育てていてさえ、助けがないと感じる社会です。あなたが感じている不安は、あなたが差別的なのではなく、差別せざるを得ないような状況に、障がいをもつ子どもたちがおかれていることから、生まれているのです。

一方、行動できることもたくさんあります。行動のための第一歩を、まずたくさんの涙を流すことから、始めていただきたいなと思います。

A45 宇宙 心配するのは、わるいことではありません

質問者さんの不安は、どこからくるのでしょうか?

障がいをもつ子を育てるのは、もたない子を育てるより、いろんなサポートや工夫や、ハードルを乗り越えていくことが必要だからでしょうか。

それとも、その子が成長していく上で、自立がむずかしかったり、幸せな人生を築いていけないような感じがするからでしょうか。障がいをもった子どもを産むことへの、社会からの視線からくる不安でしょうか。

不安に感じるのは、今挙げたようなことを含め、そのほかにもたくさんの理由があると思います。

でもまず最初に、ここにその不安を寄せてくださったことに、感謝します。質問者さんのような不安は、多くの人が感じる不安だと思います。

なぜかと言うと、それはやっぱり、社会が障がいに対して、いいイメージをもっていないから。障がいをもったら、自立して幸せに生きられないのではないか、という漠然としたイメージがあるからだと思います。

そうしたイメージからくる不安は、何かをすればすぐになくなるものではありません。質問者さんが抱える不安を、がんばって子育てしているお姉さんに相談するのは、姪っ子さんを否定する気持ちになるかもしれませんが、もしかしたら、お姉さんはいちばんわかり合える相手になりえるかもしれない、と私は思いました。

そんな不安をもつことは、自分が差別をしているような気がしますよね。だからこそ、不安をだれかと共有することが、さらに怖くなるのだと思います。

でも、どんな人も少しずつ、自分の中に差別的な気持ちをもっています。ただ、その気持ちを行動に移したり、まわりにふりまくかどうかは、自分の意識の問題です。

そして自分の意識を見つけるためには、その差別心がどうして生まれてくるのかを探る必要があります。

人は差別されたり、差別を見たことがなければ、差別をすることはないと言われています。だから、自分に差別心があるということを、後ろめたく思って自分を責めないでください。その気持ちに従って行動するのではなく、ちゃんとその気持ちと向き合ってみてください。そうすることは、社会から差別を減らすことにつながると思います。心のエネルギーを使うプロセスかもしれないけれど、遊歩の言うように、感情の動きや涙を止めず、感じてみてください。

遊歩は確信をもって、障がいをもつ私を産みました。そして、私の子育てには本当に多くの人がかかわってくれました。それは私にとって、とても幸運なことでした。

障がいをもって生まれてきたこと自体、私にとっては幸運だと思っています。でもそう思うのは、私の環境が本当によかったからです。

もちろん、障がいによって制限されることがあったり、悔しいことやたいへんなこともあります。ただ、そんなことより、私が生まれてきたことを喜んでいる人たちがいるという事実のほうが、私にとって大きなことで、だからこそ、私が私として生まれてくることができてよかった、と思えるのです。

姪っ子さんに後ろめたく思う気持ちも、どこからくるのでしょうか。姪っ子さんとかかわるうちに生まれてきた、姪っ子さんを大切だと思う気持ちは、偽りないものですよね。

姪っ子さんがこれから生きていく上でたいへんなことがあるだろうと、不安に思ったとしても、どうか、質問者さんにとって姪っ子さんが大切な存在であるということを、伝え続けてください。

きっと、姪っ子さん自身もこれからいろんな不安を感じると思います。不安なのは質問者さんだけではないし、その不安を感じること自体は、悪いことではないのです。ただ、「あなたには乗り越えられる力がある」と、そして「あなたを支えるよ」と、伝えられる存在であってくれたら、うれしいです。

お子さんが障がいをもっていたとしても、それは、質問者さんのせいでも、お子さんのせいでも、まったくありません。

子育てにかかわってくれる人をどう集めたらいいのかとか、迷惑をかけてはいけないとか、いろんな思いがわいてくるかもしれません。でもだれににとっても人の子育てにかかわれることは、幸運だと私は思います。だから、お子さんが生まれてきた時は、障がいをもっていなくても、たくさんの人を子育てに巻き込んでみてください。

質問者さんにとって、妊娠中も順調であり、子育てがすばらしい日々となることを、願っています。

Q46 人は生産性で測れますか？

LGBTは「子供をつくらない、つまり『生産性』がない」「そこに税金を投入することが果たしていいのかどうか」[1]と雑誌に書いた国会議員のことが話題になりました。その雑誌は休刊になりましたが、そういう意見に共感する人もまわりには多いです。人の価値は生産性で測れるものでしょうか？

（ブックライフ・二〇代・学生）

A46 遊歩 生きているだけで、かけがえのない存在です

あなたが家具職人だとします。あなたはそれをつくる時に、ただつくりたいからつくるのでしょうか。

加えて、それをつくることで自分の部屋が使いやすくなるとか、ものを生産するためには、喜んでくれる人がいたり、自分が必要だったり、という必要性

がまず最初にあるわけです。

ところで、私から見るといちばん生産性のある人たちは、赤ちゃんであり、障がいをもつ人です。そして、年をとり人の手を必要とする人たちもそうです。つまりすべての人が、その人生のさまざまな局面で、生産性を生み出していると言えます。

かれらは自分のからだを通して、何が必要かをこの社会に訴えて、人々の生産性を引き出しています。

生産性というのは、目に見えるものをつくり出すことだけではありません。それは、すごくせまい考えです。

学校で言えば、生徒がいるから、先生たちはお給料がもらえるわけですよね。生徒は、生産性のある人間になるように教育を施されていると言いますが、私から言わせてもらえば、生徒の存在そのものが、先生という仕事の生産性を引き出しているわけです。

生徒のいない学校はまったく意味がないのと同じように、生産性だけを問題にする仕事は、人間の仕事とは言いたくありません。

そのうち、ＡＩやロボットに生産性の多くを依拠していくことによって、どんどん働く人が必要とされなくなるでしょう。

私にとって、目に見えるものの生産性だけを問題にする社会は、奴隷制の社会であると言えます。

働くという言葉は、ほかの人を楽にして、自分も楽になるという含蓄のある言葉です。しかし「はたらく」が「仕事」という言葉に置き換わり、だれかに仕えるための仕事だけが、生産性があるともてはやされるようになりました。

人は、「ははーっ」とだれかにお仕えしたい存在ではありません。自分で考え、自分で選び、お互いでしたいことを協力し合って生きるために、働きがあり、仕事があります。

生産性の価値を問う、ということは、私にとっては設問にもならないことです。生きているという一点で、すべての人が大切で、価値深い存在です。呼吸し続けるからだをもつということで、人間は互いにかけがえなく、大切にし合いたい存在です。

ただ、それを私たちは、現実的に、歴史的にパーフェクトには実現していません。生産性があるかないかというどうでもいいことを問うまえに、その答えを探して、知性をすり減らすまえに、自分もまわりの人も大切にして、助け合って楽しく生きる社会をつくっていきましょう。

A46 宇宙 そのままで生きられるように例外を認めること

自分が生産性で測られた時、自分が排除される対象だと思わない人のほうが多いから、共感する人もいるのではないかなと思います。

この国会議員の人は、同性婚を許すことで、家族間での結婚や動物との結婚など、「どんどん例外を認めると、歯止めが効かなくなります[2]」と言っています。

彼女の考え方を逆転して使うと、ひとつの違いを許さなくすることで、あらゆる多様性を「生産性がない」という理由で、排除するような社会に歯止めが利かなくなっていくと思います。

わかりやすい例が、ドイツでナチス政権が力をもっていた時です。最初は、ホームレスの人たちを街から排除することに始まり、障がい者、少数民族の人たち、ユダヤの人、同性愛の人と、どんどん迫害の対象は広がり、とうとう「怠け者」というはっきりしないカテゴリーの人たちも、排除の対象になりました。

「怠け者」がどういうふうに決められていたかというと、その人の上司や街の人が「あの人は怠け者だ」とナチスの親衛隊に通告すれば、通告された方は、収容所へ連行されることもあったそうです。これは、私がアウシュビッツ収容所を訪れた時に、ツアーガイドの方から聞いたお話です。

人の価値を生産性で測る社会は、人を迫害し、見殺しにしていくのを許す社会の始まりだと私は思います。実際に、今の日本はそういうふうに人を生産性で測ることがあるから、生きづらいと感じる人や、自分でいのちを絶ってしまう人も多いのではないかと考えています。

最初に、自分は排除される対象だと思わない人が多いと書きましたが、対象になることへの怖さは、すべての人に、潜在的にあると思います。その恐怖により、この社会から外れないようにと、自分を押し殺して生きている人が多いように感じます。

ＬＧＢＴの人たちの権利の支援は、その人たちが自分のままで生きられるように例外を認めることであり、それがすなわち、すべての人たちが少しずつ生きやすくなる社会への始まりだと私は思います。

注

1 杉田水脈「『ＬＧＢＴ』支援の度が過ぎる」（「新潮45」二〇一八年八月号）。

2 前掲論文。

Q47 子どもの五体満足をのぞむのは当たり前？

障がいをもつ人に対して、だましたり力ずくで不妊手術をするのは、あってはならないこと。しかし親の本音として、五体満足をのぞむのは当たり前。優生保護法を一方的に批判する風潮に、居心地の悪さを感じます。

（Mr. J・六〇代・会社員）

A47 遊歩

一般の人も、優生思想の犠牲者です

だれの心にも、子どもに幸せでいてほしいと思う気持ちがあります。ところが、障がいをもった子どもたちが幸せに生きているかというと、ほとんどの人が「幸せに生きている障がいをもった子」には会ったことがないのです。

私も二〇代までは、優生保護法という法律に脅かされていました。ですから、自分の障がいが遺伝する限り、子どもは産みたくないと、漠然と思わされていました。

二五歳の時、妊娠したかもしれないと思うことがあって、医者に行き、「そんなからだで妊娠するわけない」と言われました。本当に傷つくと同時に、どこかほっともし、その後、避妊はしませんでした。

優生保護法があってもなくても、優生思想はあまりに深いものです。それが証拠に、最近は、優生保護法以上に問題のある出生前診断が、たしかな法律という体裁もなく広がっています。

だから、この問題を考える時には、優生保護法の歴史をよく知り、その手術をされた人たちの話に耳をかたむけ、感じ、考える必要があります。

質問者さんは、その歴史をどこまでご存じでしょうか。私は、その法律の歴史を知れば知るほど、さらにつらくなっていきます。

一九九六年に優生手術の部分が取り除かれても、訴訟が広がるまでに二〇年以上かかったのです。

私は、現実的には不妊手術を強制されませんでした。しかし、三九歳まで一度も妊娠しませんでした。小さい時のおびただしいレントゲン等の影響かと自分で考えていました。

しかし、不妊手術をされていなかったからこそ、ある意味自由に、優生保護法の差別性や問題性を告発できたのです。

同時に、傷つけられてきた自分のからだを、自分で大切にするという試みもしてきました。食に気をつけ、さまざまな手当てを学び、自分のからだを楽にし、自分を幸せにしようとしてきました。

強制不妊手術をされた人たち自身こそが、ありとあらゆる点で、告発するための道筋を奪われてきたのではないでしょうか。優生思想によって、障がいをもつ人たちは、自分のことを徹底的に否定させられます。自分がだめで最低の人間だと思わされる中で、そうじゃない、自分も大切な存在なのだと立ち上がるためには、内なる闘いが、何十年も必要だったのです。

強制不妊手術をされた人たちは、具体的な被害者です。しかし、その手術をされていない一般の人々もまた、自分の人生も、生まれてくるどんな子の人生も、平等に大切だとは感じられなくなっています。その観点から見れば、強制不妊手術をされていなくても、ほとんどの人が優生思想の犠牲者と言えます。

質問者さんのように、障がいをもたない子の誕生を願うのが当たり前という、その「当たり前という感覚」こそが優生思想です。その、私の内にさえあった

「当たり前という感覚」を逆転しようとする闘いと活動がなければ、私は娘を迎えられませんでした。娘の存在が、娘のいのちの輝きが、私のこの闘いが正しかったことを、今は完全に証明してくれています。優生思想を超えていく闘いは、多様性を広げることによってのみ勝利すると思っています。

質問者さんが、たくさんの多様な人との出会いを重ね、生きることへの洞察をさらに深められますように、心から願っています。

あとがき　耳をかたむける

安積遊歩

人に悩みを語ることは、この均質化を求める社会の中で、それほど容易なことではありません。私自身、障がいをもっていることで、自分の悩みは、人とはまるで違っているのだろう、と感じさせられてきました。

一〇代では完全に沈黙し、思いを押し込めては自分を責めるばかりでした。二〇代の時、障害をもつ人たちの運動に出会い、自分が自分であることを強烈に自覚しました。それからは自己主張を行うと決めて、行動し続けました。

自分であることを自覚し、主張していくうえでのターゲットは、この社会にあるさまざまな差別でした。二〇代の終わりに、とくに結婚をしたいという悩みを初めて行動化して、ボーイフレンドとの暮らしを始めました。そして障がいをもつことに加えて、女性という点でも、その差別の深さに向き合わざるをえませんでした。この国の女性差別は、時に想像を絶するものです。

そして三〇代の初めには、自己主張するだけでなく、仲間たちの話を聞きたい、と思うようになりました。ピアカウンセリングの方法と理論を学び、仲間同士で気持ちと話をとにかく聞き合いました。立場や特質を共有する仲間と聞き合うことで、たくさんのことに気づきました。そして、障がいをもたない人にも、どんどん耳をかたむけられる自分になっていきました。

私が人の気持ちや話を聞く時の立ち方は、まず私自身を責めずに聞く、ということです。なぜなら、私自身に対する私の評価のまなざしは、話し手にも容易に伝わってしまうからです。

しかし自分に注目し出すと、いろんな思いがわいてきます。そうした思いに気をとられず、私は私でベストを尽くしている、という位置に立ち続けます。そうすると、「あなたもベストを尽くしてよく生きているよね」という、深い肯定的な思いで相手の話を聞けるのです。

この本は、一〇代は悩みを語れず、二〇代は怒りと悲しみを社会にぶつけまくっていた私が、三〇代で人の話を聞くことを学びはじめたこと。そして四〇代で娘を迎え、五〇代で聞くことの大切さを娘にも伝えられたこと。それらすべてへのお祝いであり、記念の本です。

娘は、一〇代までの時期に、さまざまな表現で悩みを伝えてくれました。小学校二年の時には学校へ行くのをやめ、骨折するたびに、痛いから動かさないでと言い張ってくれました。それに答え続けてくれたルームメイトや友人、介助の人や私たち家族の力もあって、娘は自分自身の考えで、行動できるようになりました。その彼女との共著であるこの本が、優生思想の蔓延というこの社会の最大の不公正と葛藤に、解決のヒントを提案しているのではないかと誇りに思っています。

質問を寄せてくださったみなさん、本の出版をあきらめることなく編集してくださった中野葉子さんに心から感謝いたします。

二〇一八年一二月一日

安積遊歩　あさか・ゆうほ

一九五六年、福島県生まれ。生まれつき骨が弱い特徴をもつ。22歳で親元から自立。アメリカのバークレー自立生活センターで研修を受け、ピアカウンセリングを日本に紹介。障害をもつ人の自立生活運動をはじめ、様々な分野で当事者として発言を続ける。著書に『癒しのセクシー・トリップ』『車イスからの宣戦布告』『いのちに贈る超自立論』、共著に『障害のある私たちの地域で出産、地域で子育て』他。

安積宇宙　あさか・うみ

一九九六年、東京都生まれ。母のからだの特徴を受け継ぎ、生まれつき骨が弱く車いすを使って生活する。ニュージーランドのオタゴ大学初の車いすに乗った正規の留学生として、社会福祉を専攻中。二〇一八年、ニュージーランドの若者開発省から「共生と多様性賞」を受賞。

多様性のレッスン

車いすに乗るピアカウンセラー母娘が答える47のQ&A

二〇一九年一月二五日　第一刷発行
二〇二二年一二月二五日　第二刷発行

著者　安積遊歩・安積宇宙

ブックデザイン　鈴木成一デザイン室
発行者　中野葉子
発行所　ミツイパブリッシング
〒〇七八-八二三七　北海道旭川市豊岡七条四丁目四-八　トヨオカ七・四ビル　3F-1
電話　〇五〇-三五六六-八四四五
E-mail: hope@mitsui-creative.com
https://www.mitsui-publishing.com
印刷・製本　モリモト印刷

 ISBN：978-4-907364-11-3 C0036